Préparez votre enfant à l'école

Design graphique : Louise Durocher
Correction : Ginette Patenaude

Catalogage avant publication de Bibliothèque et Archives nationales du Québec et Bibliothèque et Archives Canada

Doyon-Richard, Louise
  Préparez votre enfant à l'école dès l'âge de 2 ans

1. Jeux éducatifs. 2. Éducation psychomotrice. 3. Éducation préscolaire - Participation des parents. 4. Aptitude à la scolarité. I. Titre.

LB1140.35.E36D69 2008   371.33'7   C2008-940028-3

Pour en savoir davantage sur nos publications,
visitez notre site : www.edhomme.com
Autres sites à visiter : www.edjour.com
www.edtypo.com • www.edvlb.com
www.edhexagone.com • www.edutilis.com

01-08

© 2008, Les Éditions de l'Homme,
une division du Groupe Sogides inc.,
filiale du Groupe Livre Quebecor Media inc.
(Montréal, Québec)

Tous droits réservés

Dépôt légal : 2008
Bibliothèque et Archives nationales du Québec

ISBN 978-2-7619-2493-1

DISTRIBUTEURS EXCLUSIFS :

• Pour le Canada et les États-Unis :
  MESSAGERIES ADP*
  2315, rue de la Province
  Longueuil, Québec J4G 1G4
  Tél. : 450 640-1237
  Télécopieur : 450 674-6237
  * une filiale du Groupe Sogides inc.,
    filiale du Groupe Livre Quebecor Média inc.

• Pour la France et les autres pays :
  INTERFORUM editis
  Immeuble Paryseine, 3, Allée de la Seine
  94854 Ivry CEDEX
  Tél. : 33 (0) 4 49 59 11 56/91
  Télécopieur : 33 (0) 1 49 59 11 33
  Service commandes France Métropolitaine
  Tél. : 33 (0) 2 38 32 71 00
  Télécopieur : 33 (0) 2 38 32 71 28
  Internet : www.interforum.fr
  Service commandes Export – DOM-TOM
  Télécopieur : 33 (0) 2 38 32 78 86
  Internet : www.interforum.fr
  Courriel : cdes-export@interforum.fr

• Pour la Suisse :
  INTERFORUM editis SUISSE
  Case postale 69 – CH 1701 Fribourg – Suisse
  Tél. : 41 (0) 26 460 80 60
  Télécopieur : 41 (0) 26 460 80 68
  Internet : www.interforumsuisse.ch
  Courriel : office@interforumsuisse.ch
  Distributeur : OLF S.A.
  ZI. 3, Corminboeuf
  Case postale 1061 – CH 1701 Fribourg – Suisse
  Commandes :   Tél. : 41 (0) 26 467 53 33
                Télécopieur : 41 (0) 26 467 54 66
                Internet : www.olf.ch
                Courriel : information@olf.ch

• Pour la Belgique et le Luxembourg :
  INTERFORUM editis BENELUX S.A.
  Boulevard de l'Europe 117,
  B-1301 Wavre – Belgique
  Tél. : 32 (0) 10 42 03 20
  Télécopieur : 32 (0) 10 41 20 24
  Internet : www.interforum.be
  Courriel : info@interforum.be

Gouvernement du Québec – Programme de crédit d'impôt pour l'édition de livres – Gestion SODEC – www.sodec.gouv.qc.ca

L'Éditeur bénéficie du soutien de la Société de développement des entreprises culturelles du Québec pour son programme d'édition.

Le Conseil des Arts du Canada
The Canada Council for the Arts

Nous remercions le Conseil des Arts du Canada de l'aide accordée à notre programme de publication.

Nous reconnaissons l'aide financière du gouvernement du Canada par l'entremise du Programme d'aide au développement de l'industrie de l'édition (PADIÉ) pour nos activités d'édition.

Louise Doyon

Préparez votre enfant à l'école

500 jeux psychomoteurs pour les enfants de 2 à 6 ans

Édition revue et corrigée

INTRODUCTION

À la suite de nombreuses observations, l'expérience nous a montré que plusieurs de nos enfants auraient avantage à acquérir, au cours de la période préscolaire incluant l'année de maternelle, certaines aptitudes qui leur faciliteraient l'apprentissage scolaire. Pour apprendre à lire, à écrire et à calculer, l'enfant doit avoir acquis des habiletés et des comportements de base qui font partie de certaines activités psychomotrices.

Il nous a semblé qu'il serait facile de mieux préparer l'enfant à l'école si nous fournissions les outils nécessaires aux parents et à tous ceux qui ont la responsabilité d'enfants (enseignants, éducateurs en garderies privées et scolaires, animateurs en milieu hospitalier, etc.). Ce qui a presque toujours été dit dans des termes techniques est ici exposé à l'aide de jeux intéressants, utiles et simples à exécuter. Les notions abordées sont expliquées clairement et brièvement au début de chaque chapitre afin que l'adulte saisisse le but précis des exercices et des jeux proposés. D'usage courant et peu coûteux, le matériel requis pour les jeux est à la portée de tous.

Ainsi, tout en s'amusant, l'enfant acquiert, au moyen de ces exercices, les notions de base essentielles à son futur apprentissage. Si cette étape d'évolution est négligée, toute lacune dans l'acquisition de ces notions de base devra être comblée au moment de l'entrée en première année; on constatera alors que

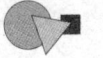

l'enfant accuse des retards sérieux dont les conséquences sont tout aussi sérieuses.

Les parents et éducateurs éviteront ainsi ces reprises pénibles pour les enfants en les préparant mieux à l'école. Ils leur rendront un service appréciable en les plaçant, non devant un échec probable, mais devant des succès encourageants.

Trop d'enfants risquent de se heurter à des difficultés de lecture en raison d'un retard de langage ou de problèmes d'ordre psychomoteur (enfants mal latéralisés, inhibés, mal à l'aise dans leur corps, etc.). Il en va de même pour l'orthographe dont les difficultés peuvent dériver d'une mauvaise mémoire visuelle, d'une attention insuffisante, d'erreurs d'identification des lettres, de leur forme, de leur orientation et de leur place dans la syllabe ou le mot, d'une compréhension imparfaite du langage, d'une déficience auditive légère et autres.

Les exercices proposés dans ce livre ont été conçus pour les enfants de deux à six ans et pour ceux, plus âgés, qui présenteraient encore des difficultés. Tous les exercices, par contre, ne peuvent être faits dès l'âge de deux ans. Vous trouverez à l'intérieur de certains chapitres des exercices suggérés pour différentes catégories d'âge. Mais ces étapes d'évolution ne sont pas rigides et doivent être considérées comme des points de repère puisque le rythme de développement varie d'un enfant à l'autre.

Le livre contient plus de cinq cents jeux, répartis à l'intérieur de chacun des chapitres selon un degré de difficulté croissante. Il est important de suivre le rythme propre à l'enfant, de l'inviter à participer sans le forcer, de ne pas prolonger indûment la durée des activités. Les exercices, s'ils sont repris fréquemment, amèneront l'enfant à une certaine maîtrise de ces préalables, car la répétition lui permet de renforcer des acquis. On sait que l'enfant doit pouvoir essayer plusieurs fois, répéter, recommencer, se tromper pour acquérir de l'habileté.

Soulignons enfin que tous les chapitres doivent être vus simultanément et non les uns à la suite des autres. Nous vous suggérons donc de préparer une leçon par jour, en veillant à ce que chaque champ d'apprentissage soit représenté. Prévoyez également le matériel pour éviter des arrêts qui risque-

raient de démotiver l'enfant. Commencez par des exercices qu'il aime et qui l'inciteront à continuer. Évitez de dire à l'enfant : « Viens, on va travailler » ; laissez-le plutôt croire qu'il joue avec vous et pour cela, faites les exercices avec lui. L'enfant vous imitera volontiers, et on sait le rôle que joue l'imitation de l'adulte dans l'apprentissage de l'enfant. Félicitez-le souvent, car le sentiment du succès incite à poursuivre l'effort. Il est également important de tirer profit de toutes les situations quotidiennes, visites, sorties en voiture, événements inhabituels, pour amener l'enfant à se développer. N'oubliez pas qu'il éprouve un amour inné pour le jeu et qu'il sera très motivé par ces exercices. Tout en lui donnant l'occasion de se structurer, ces activités ludiques serviront à la fois son développement physique, son développement affectif et son développement intellectuel. Invitez un ou deux amis à y participer ; s'il n'est pas très motivé, l'enfant sera porté à imiter, profitera mieux des expériences et trouvera là une excellente occasion de se socialiser.

Nous recommandons aux parents désireux de faire vivre ces exercices à leur enfant de lui procurer des livres de contes (qui lui donneront le goût de la lecture), un cahier dans lequel il pourra coller et travailler, des feuilles de papier de différentes tailles et couleurs, des crayons, des crayons feutres et des crayons à colorier de formats variés*. Par ailleurs, ce livre n'étant pas conçu comme un cahier d'exercices pratiques dans lequel l'enfant pourrait travailler directement, nous suggérons aux parents de photocopier et d'agrandir les illustrations destinées à être coloriées ou découpées. Nous vous invitons également à installer un tableau d'affichage sur le mur de sa chambre pour y épingler ses réalisations, ce qui vous permettra de les montrer aux parents et amis et de valoriser votre petit. Ne détruisez pas tout. L'enfant aime fabriquer des objets pour les parents ; utilisez-les comme décoration.

Nous n'avons pas la prétention d'innover en vous présentant ce livre, et encore moins d'apporter des solutions miracles à tous les problèmes. Notre intention est de faire prendre conscience aux parents que l'enfant, avant

---

* Vous trouverez dans le chapitre sur la motricité fine, aux numéros 14 et 26 (pages 28 et 30), les recettes de la pâte à modeler et de la peinture aux doigts.

d'apprendre les matières enseignées à l'école, doit posséder certaines habiletés essentielles à l'apprentissage scolaire. Développer ces préalables constitue une mesure préventive sage, car de nombreux enfants présentent des lenteurs psychomotrices en deuxième, troisième, quatrième années, en raison d'une préparation inadéquate. C'est pourquoi il est nécessaire de les préparer à l'école dès leur plus jeune âge.

Si l'enfant présente de sérieux problèmes de psychomotricité, de langage ou de communication, n'hésitez pas à consulter des spécialistes avant l'âge scolaire. Divers organismes, centres médicaux, services sociaux, commissions scolaires, organismes pour enfants souffrant de troubles d'apprentissage (Association québécoise des troubles d'apprentissage – AQETA), seront en mesure de vous guider vers les intervenants aptes à répondre aux besoins spécifiques de l'enfant. Il existe également des centres de stimulation précoce pour les enfants qui présentent une déficience intellectuelle ou psychomotrice. Nous vous suggérons aussi de faire examiner la vue et l'ouïe de l'enfant avant son entrée à l'école.

Enfin, nous espérons que ce livre vous aidera à préparer l'enfant à l'apprentissage scolaire en lui donnant des bases solides.

CHAPITRE 1
La motricité globale

La motricité globale comprend l'ensemble des mouvements importants que l'enfant doit maîtriser. Durant les six premières années de sa vie, il doit apprendre à s'asseoir, à se tenir debout, à ramper, à marcher à quatre pattes, à rouler, à grimper, à marcher, à courir, à sautiller, à sauter, à galoper, à tirer, à pousser. Tous ces mouvements doivent être exécutés avec coordination, harmonie et raffinement. L'enfant doit donc, au cours de ces années, apprendre à faire ces mouvements avec souplesse, précision, rapidité et équilibre.

L'évolution des possibilités motrices de l'enfant se produit de façon rapide, progressive et continue. Plus il grandit, plus elles sont variées et complètes. Ces habiletés constituent la base de ses activités ludiques et lui procurent la coordination nécessaire à l'apprentissage de l'écriture et de la lecture. En effet, les exercices de motricité globale créent un terrain favorable à l'évolution de la motricité fine qui, quant à elle, nécessite un contrôle des membres supérieurs.

Les exercices proposés dans ce chapitre ont pour but de permettre à l'enfant d'affiner sa connaissance du mouvement par des jeux d'adresse et de souplesse. Ils permettent également une meilleure coordination des parties importantes du corps (bras, jambes, torse, etc.). Ainsi, l'enfant peut mieux se voir, mieux sentir son corps et il apprend à s'en servir de façon adéquate.

Bien coordonné, il aura un geste harmonieux et deviendra, en outre, plus adroit à table, prendra moins de temps pour s'habiller, etc.

Par exemple, en marchant sur une ligne sans mettre le pied à côté, l'enfant peut acquérir un certain équilibre. Le contrôle de l'équilibre favorise une habileté plus grande dans toutes les activités qui requièrent un déplacement du corps ou le maintien d'une position. Soulever un objet avec un pied favorise la dissociation des mouvements, c'est-à-dire qu'un seul membre du corps se trouve en action. L'action de frapper dans ses mains et de sauter en même temps implique la combinaison de deux mouvements simultanés. Ces exercices favorisent une meilleure harmonie du corps de l'enfant et facilitent les activités sportives et récréatives. Ils éviteront que l'enfant soit mis à l'écart durant les activités sportives en raison d'un manque de confiance en lui et d'un sentiment d'infériorité face aux autres.

Il est important que ces activités aient lieu au début, car elles ont pour but d'augmenter la maîtrise de la motricité globale, première étape du développement psychomoteur de l'enfant. Nous vous invitons également à faire les exercices avec lui et à verbaliser ce que vous ressentez dans votre corps. Cela l'amènera à prendre conscience de la position et des mouvements des différentes parties de son corps et à exprimer oralement ses sensations.

MATÉRIEL PAPIER JOURNAL, FICELLE, CORDE, BOÎTE, CUILLÈRE, FOURCHETTE, PAPIER D'ALUMINIUM, SAC DE RIZ, PIÈCE DE MONNAIE, FEUILLES, COUVERTURE, LIVRE, BALLON, BALLE, RONDELLE DE CAOUTCHOUC, CHAISE.

ENFANT DE DEUX OU TROIS ANS

Vers deux ou trois ans, l'enfant contrôle les gestes moteurs suivants : il marche bien, court bien mais tombe parfois, monte un escalier et descend avec appui sans changer de pied, saute à pieds joints, se tient sur un pied pendant deux secondes, fait quelques pas sur le bout des orteils, saute d'un point peu élevé, peut donner un coup de pied, peut plier la taille et les genoux pour ramasser des objets.

La motricité globale 13

EXERCICES

1. L'enfant doit se rendre d'une pièce à une autre :
   a) en marchant à quatre pattes comme le chien ;
   b) lourdement comme l'éléphant ;
   c) silencieusement comme la souris ;
   d) gauchement comme le canard ;
   e) en levant la tête le plus haut possible comme la girafe ;
   f) d'une manière câline comme le chaton.

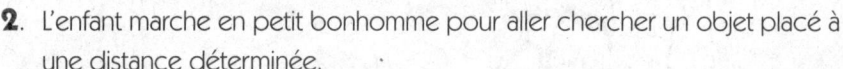

2. L'enfant marche en petit bonhomme pour aller chercher un objet placé à une distance déterminée.

3. L'enfant saute comme la grenouille en imitant son cri (coassement).

4. L'enfant passe sous la table en rampant sur le ventre (avec l'aide des mains et des pieds) et revient en rampant sur le dos.

5. L'enfant se roule sur le plancher, d'un mur à l'autre.

6. L'enfant marche sur les genoux, le dos bien droit, les bras de chaque côté du corps.

7. L'enfant fait des culbutes.

8. L'enfant se cache en boule sous la couverture ; au signal, il sort de sa cachette le plus vite possible.

9. L'enfant se tient sur un pied le plus longtemps possible (environ deux secondes). Puis, il se tient sur l'autre pied.

La motricité globale 15

10. L'enfant tourne comme le moulin à vent, les pieds écartés, les bras tendus de chaque côté, sans bouger les pieds.

11. L'enfant marche bien droit en tenant un grand livre sur sa tête.

12. L'enfant marche à quatre pattes en portant le journal sur son dos.

13. L'enfant court à quatre pattes sans mettre les genoux au sol. Il reprend en marche arrière.

14. L'enfant saute comme un polichinelle.

15. L'enfant frappe dans ses mains tout en sautant.

16. L'enfant marche autour de la table sur la pointe des pieds et revient dans l'autre sens en marchant sur les talons.

17. L'enfant monte et descend un escalier en vous tenant la main ou en s'appuyant sur la rampe.

18. L'enfant donne des coups de pied dans l'air en utilisant tour à tour la jambe droite et la jambe gauche.

19. L'enfant doit ramasser un objet placé sur le plancher le plus rapidement possible.

La motricité globale 17

20. L'enfant attrape le ballon que vous lui lancez. Dès qu'il réussit, recommencez en vous éloignant un peu plus de lui.

21. L'enfant attend le ballon accroupi et vous le relance en position debout. Reprenez l'exercice en inversant les positions.

22. L'enfant pousse avec un seul pied une boîte de chaussures vide et revient en utilisant l'autre pied.

23. Disposez des pas sur le plancher. L'enfant suit le parcours normalement ; puis, il reprend l'exercice sur le bout des orteils.

24. L'enfant court autour de coussins placés sur le plancher sans les toucher.

ENFANT DE TROIS OU QUATRE ANS

Assurez-vous que les exercices précédents sont intégrés avant d'entreprendre les suivants. Vers trois ou quatre ans, l'enfant contrôle les gestes moteurs suivants : il court plus rapidement ; il peut s'adapter à des courbes durant la course, monter un escalier en changeant de pied, faire un saut de vingt-cinq à trente centimètres environ ; il se tient en équilibre sur un pied en se balançant (pendant deux à cinq secondes), conduit un tricycle en pédalant, marche en rythme ou sur une ligne droite.

EXERCICES

1. L'enfant marche en glissant ses pieds sur le plancher. Lorsque vous tapez des mains, il marche en levant les genoux très haut.

2. L'enfant rampe comme la chenille (sans l'aide des mains et des pieds).

3. L'enfant se couche sur le dos et fait de la bicyclette; au début, il pédale lentement puis accélère graduellement.

4. L'enfant saute sur un pied pendant que vous lui tenez les mains. Puis, il reprend en sautant sur l'autre pied.

La motricité globale

5. L'enfant marche sur les mains pendant que vous lui soulevez les pieds. Reprenez l'exercice de la brouette en variant le rythme.

6. L'enfant marche sur « trois pattes » en tenant une cuillère dans une main. Puis, il recommence l'exercice en tenant la cuillère dans l'autre main.

7. L'enfant court chercher la boule de papier d'aluminium que vous avez lancée et la rapporte en marchant lentement comme la tortue. Il reprend en sautant à pieds joints comme le lièvre.

8. L'enfant place un sac en plastique rempli de riz sur son pied et essaie de le soulever. Il recommence avec l'autre pied.

9. L'enfant marche, un bras allongé, en portant une cuillère sur le dos de sa main. Il reprend ensuite avec l'autre bras.

10. En position debout, l'enfant dépose une pièce de monnaie devant son pied droit avec sa main gauche, puis devant son pied gauche avec sa main droite. Il reprend en plaçant la pièce derrière son pied.

11. Tracez une ligne droite d'environ trois mètres de longueur et de cinq centimètres de largeur sur le plancher, avec du papier journal. L'enfant marche sur cette ligne sans mettre le pied à côté, puis revient à reculons.

La motricité globale

12. Tracez deux lignes sur le plancher à quinze centimètres l'une de l'autre, et d'une longueur de trois mètres environ. L'enfant marche entre ces lignes sans les toucher et revient à reculons.

13. Formez sur le plancher un cercle d'environ deux mètres cinquante de circonférence avec une ficelle. L'enfant saute à pieds joints à l'intérieur et à l'extérieur du cercle. Puis, il reprend sur un pied.

14. Disposez cinq feuilles de trente centimètres carrés sur le plancher, espacées de vingt-cinq à trente centimètres. L'enfant saute par-dessus, à pieds joints. Ensuite, il reprend en sautant cette fois-ci sur les feuilles.

22 Préparez votre enfant à l'école

15. L'enfant court sans toucher différents obstacles (chaises) disposés dans la pièce.

16. L'enfant monte et descend un escalier sur un seul pied.

ENFANT DE QUATRE OU CINQ ANS

Assurez-vous que les exercices précédents sont intégrés avant d'entreprendre les suivants. Vers trois ou quatre ans, l'enfant contrôle les gestes moteurs suivants : il court plus rapidement ; il peut s'adapter à des courbes durant la course, monter un escalier en changeant de pied, faire un saut de vingt-cinq à trente centimètres environ ; il se tient en équilibre sur un pied en se balançant (pendant deux à cinq secondes), conduit le tricycle en pédalant, marche en rythme ou sur une ligne droite.

EXERCICES

1. L'enfant monte sur une chaise et saute dans un cercle tracé par terre avec une ficelle.

2. L'enfant frappe un ballon placé sur le sol tout en courant.

3. L'enfant lance une balle sur le sol avec une main et la rattrape avec l'autre.

4. L'enfant saute, sur une distance de quinze pas, sur un pied, la main droite posée sur la cuisse droite et la main gauche posée sur la cuisse gauche.

5. L'enfant saute sur un pied en poussant une rondelle de hockey.

6. L'enfant se tient accroupi sur la pointe des pieds avec les bras écartés. Ensuite, il reprend le même exercice les yeux fermés.

7. L'enfant se tient accroupi et saute sur la pointe des pieds. Puis il recommence, les yeux fermés.

8. L'enfant saute par-dessus une corde tendue. Il refait l'exercice en variant la hauteur.

9. Organisez un parcours où l'enfant devra marcher, courir, passer par-dessus un banc, sous une chaise, etc. Chronométrez le temps utilisé pour effectuer le parcours et faites-le-lui reprendre plus rapidement.

10. Organisez des exercices de course (course de relais, sauts divers, etc.).

CHAPITRE 2
La motricité fine

La motricité fine*, comme son nom l'indique, vise à développer les mouvements fins qui permettent un meilleur contrôle et une meilleure coordination des doigts, des mains, des yeux, etc. Si la motricité globale concerne principalement les membres inférieurs, la motricité fine, elle, tend à renforcer les membres supérieurs. Ces exercices sont essentiels pour l'apprentissage de l'écriture, habileté qui inclut un aspect perceptif et un aspect moteur. Comment l'enfant pourrait-il tenir adéquatement un crayon et reproduire des signes précis, dans un espace restreint, de gauche à droite, s'il n'a pas au préalable fait des exercices de préhension, de manipulation et d'expression créatrice tels que prendre de petits objets avec les doigts, découper, coller, enfiler, etc. ?

Les exercices de motricité fine visent donc à améliorer, à régulariser et à installer une plus grande finesse dans tous les gestes de l'enfant, lui permettant ainsi de travailler avec plus de précision, plus de facilité et de détente.

* Le chapitre 15, consacré à l'expression graphique, comprend également plusieurs activités de motricité fine.

MATÉRIEL : BALLON, BALLE, BILLES, CUBES, POTS, BOUTS DE LAINE, PIÈCES DE MONNAIE, SOULIER, FIL, LAINE, CURE-DENTS, VIS ET ÉCROUS, BAS, VÊTEMENTS, CISEAUX, PINCEAUX, CRAYONS DE CIRE, CRAYON, RÈGLE, REVUE, FEUILLES DE PAPIER, AIGUILLE, TISSUS, BOUTONS, MACARONIS, TROMBONES, VERRES, ESSUIE-TOUT, ROULEAUX DE PAPIER HYGIÉNIQUE, ATTACHES POUR SACS DE PAIN, PINCES À LINGE, PINCE À SOURCILS, COMPTE-GOUTTES, RIZ, PAILLES, ÉLASTIQUE, FARINE, COLORANT À GÂTEAUX.

ENFANT DE DEUX OU TROIS ANS

> Vers deux ou trois ans, l'enfant contrôle les gestes de préhension et de manipulation suivants : il se sert alternativement des deux mains ; il aligne les objets horizontalement et construit une tour de six ou sept cubes ; il aime à visser et à dévisser ; il peut ouvrir les portes ; il accroît son adresse pour emboîter, démonter, réajuster ; il aime remplir, creuser, vider, broyer, écraser, dribbler, manipuler les objets qui bougent, qui tournent, les objets mécaniques ; il expérimente la peinture aux doigts en barbouillant la table, ses mains, son visage.

EXERCICES

1. L'enfant trace des cercles dans l'air avec un bout de laine d'environ quarante centimètres de long. Il commence avec le bras droit et reprend avec le gauche, dans le sens des aiguilles d'une montre, puis dans l'autre sens. (Rien ne bouge, à part le bras.) Il recommence l'exercice en tenant une balle dans la main.

2. L'enfant trace des cercles dans l'air avec le poignet et la main seulement ; le bras doit demeurer serré contre le tronc. Il recommence en tenant une balle dans la main.

La motricité fine **27**

3. L'enfant fait rebondir devant lui un ballon d'environ vingt-deux centimètres de circonférence en le frappant tour à tour de la main gauche, puis de la main droite.

4. L'enfant lance un ballon le plus loin, le plus haut et le plus fort possible contre le mur. Il fait l'exercice en utilisant d'abord les deux mains, puis la droite et ensuite la gauche.

5. L'enfant lance un ballon de façon à renverser des rouleaux vides de papier essuie-tout ou de papier hygiénique que vous avez placés sur le plancher (comme dans un jeu de quilles).

6. L'enfant griffe la table comme un petit chat.

7. L'enfant enfonce des chevilles de bois dans les trous de différentes grosseurs pratiqués dans une planche de bois.

8. L'enfant aligne des cubes horizontalement. Il aligne une deuxième rangée de cubes identique à la première.

9. L'enfant construit une tour de cinq ou six cubes. Il reprend à côté de façon symétrique.

10. L'enfant assemble des vis et des écrous.

11. L'enfant visse et dévisse les couvercles de pots de différents formats.

12. L'enfant retourne ses bas à l'envers.

13. L'enfant enfile des boutons sur une ficelle.

14. Préparez de la pâte à modeler en mélangeant 750 ml de farine, 250 ml de sel, 250 ml d'eau (avec un peu de colorant) et 15 ml d'huile. (Cette pâte peut se conserver dans le réfrigérateur.)

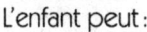

L'enfant peut :
- a) étendre la pâte avec un rouleau à pâte ;
- b) créer un bol en pressant la pâte avec le pouce ;
- c) confectionner des boules de différentes grosseurs en roulant la pâte dans la paume des mains ;
- d) modeler des serpents de différentes longueurs en roulant la pâte sur la table ;
- e) faire des biscuits en aplatissant la pâte ;
- f) façonner un bonhomme de neige avec des boules de différentes grosseurs.

15. L'enfant tamise de la farine sans en renverser.

16. À l'aide d'une salière vide, l'enfant fait le mouvement de saler et de poivrer.

La motricité fine **29**

17. L'enfant transvase de l'eau d'un verre à l'autre sans en renverser. Il reprend l'exercice avec des grains de riz.

18. L'enfant met des sous dans sa tirelire ou dans une boîte sur laquelle on a découpé une fente.

19. L'enfant met des pinces à linge autour d'une boîte à chaussures.

20. L'enfant prend de l'eau dans un bol, à l'aide d'un compte-gouttes, et vide le compte-gouttes dans un autre bol.

21. L'enfant plie en deux puis en quatre une serviette à mains, un essuie-tout ou un mouchoir en papier, en prenant soin de bien ajuster les coins ensemble.

22. L'enfant développe des billes recouvertes de papier.

23. L'enfant ouvre les lettres et colle les timbres chaque fois que l'occasion se présente.

24. L'enfant fait passer des enveloppes par une fente taillée sur le couvercle d'une boîte à chaussures.

25. Apprenez à l'enfant à tourner soigneusement les pages de ses livres d'histoires.

26. Préparez de la peinture aux doigts en mélangeant 250 ml d'empois, 250 ml d'eau, 750 ml de poudre de savon et du colorant alimentaire. À l'aide de cette préparation, l'enfant fait des dessins avec ses doigts sur une feuille blanche. Ensuite, il trace des courbes, des droites, des obliques, etc. Il reprend avec de la gouache. (Fixez des feuilles au mur pour permettre à l'enfant de peindre, de dessiner et d'écrire sur une surface verticale.)

ENFANT DE TROIS OU QUATRE ANS

Assurez-vous que les exercices précédents sont bien intégrés avant de commencer les suivants. Vers trois ou quatre ans, l'enfant devient plus habile à faire les gestes de préhension et de manipulation suivants: il contrôle davantage ses mouvements; il aime verser; il peut construire une tour de huit à dix cubes, imiter un modèle simple, déboutonner, tracer deux lignes croisées, encercler un objet; il commence à tracer des formes géométriques simples.

La motricité fine 31

EXERCICES

1. L'enfant fait rebondir devant lui, en frappant d'une seule main, un ballon d'environ quarante centimètres de circonférence. Il recommence en alternant la main droite et la main gauche, puis en marchant.

2. Assis, l'enfant fait rouler le ballon autour de lui à l'aide de ses deux mains.

3. Avec le pouce de la même main, l'enfant touche l'une après l'autre l'extrémité de tous ses doigts. Il recommence avec l'autre main. Cet exercice doit être repris jusqu'à ce que l'enfant acquière de la vitesse.

4. L'enfant doit toucher la table avec la main, puis avec chacun des doigts, en alternant (le pouce, la main, l'index, la main, le majeur, la main, etc.).

5. L'enfant fait pivoter une pièce de monnaie sur la table à l'aide du pouce et de l'index.

6. L'enfant construit une tour de huit à dix cubes. Il reprend à côté de façon symétrique.

7. L'enfant empile des pièces de monnaie le plus haut possible.

8. L'enfant dépose des pièces de monnaie dans un bassin d'eau et les reprend avec le pouce et l'index.

9. L'enfant enroule du fil autour d'un doigt, de deux doigts, de trois doigts, puis autour de toute la main.

10. L'enfant ramasse un à un des bâtonnets à café, déposés en tas, à l'aide du pouce et de l'index, puis du pouce et du majeur, et ainsi de suite avec les autres doigts. Il reprend avec des macaronis coupés, des cure-dents, du riz. Reprendre l'exercice avec l'autre main.

La motricité fine 33

11. L'enfant :

a) forme d'une seule main une boulette en froissant un morceau de papier carré de dix centimètres. Il poursuit en formant des boulettes de plus en plus petites, avec des morceaux de papier de sept centimètres, de cinq centimètres et de trois centimètres carrés ;

b) place les boulettes de gauche à droite en ordre de grosseur en commençant par la plus petite jusqu'à la plus grosse ;

c) donne des pichenettes aux boulettes en les envoyant le plus loin possible.

12. L'enfant recouvre un rouleau de papier hygiénique avec une feuille de papier essuie-tout et referme les extrémités comme une papillote.

13. L'enfant délace son soulier et passe le lacet dans les œillets.

14. L'enfant fait des nœuds à l'aide d'une corde.

15. L'enfant boutonne et déboutonne sa veste ; il attache les boutons-pression.

16. L'enfant taille des crayons.

17. L'enfant perfore des feuilles de papier.

18. L'enfant façonne divers objets avec de la pâte à modeler. Par exemple, il peut fabriquer un bol ou un bougeoir, qu'il enduira de gouache par la suite. (L'enfant doit appliquer la gouache en tamponnant avec son pinceau et non en peinturant.)

19. L'enfant trace des lignes à l'aide d'une règle (assurez-vous qu'il retient la règle au centre).

20. Avec un pinceau, un crayon de cire ou tout autre crayon, l'enfant suit les tracés que vous avez faits préalablement sur une feuille.

21. À l'aide d'un pinceau, d'un crayon de cire ou de tout autre crayon, l'enfant relie les points que vous avez inscrits sur une feuille.

22. L'enfant trace des carrés et des cercles de différentes grandeurs autour des dessins que vous avez faits sur une feuille. Il reprend l'exercice, mais en traçant deux lignes croisées sur les dessins à l'aide d'un pinceau, d'un crayon de cire ou de tout autre crayon.

23. Prévoyez chaque jour une séance de découpage et de collage. L'enfant découpe des images en suivant leur contour et les colle sur une feuille sans faire de bavures.

La motricité fine 35

ENFANT DE QUATRE OU CINQ ANS

Assurez-vous que les exercices précédents sont bien intégrés avant de commencer les suivants. Vers quatre ou cinq ans, l'enfant contrôle les gestes de préhension et de manipulation suivants : il tient mieux le pinceau et travaille avec plus de minutie ; il essaie de dessiner des personnages, des animaux, des édifices et ajoute graduellement des détails ; il peut découper une ligne droite avec des ciseaux, dessiner une croix, un cercle fermé, un carré de façon reconnaissable, enfiler des perles, s'habiller et se déshabiller seul, faire des boucles.

EXERCICES

1. L'enfant fait rebondir devant lui, en alternant les mains, un ballon d'environ quarante centimètres de circonférence. Il reprend, en alternant, la main droite deux fois, et la main gauche deux fois. Il recommence encore en marchant, en courant en ligne droite, puis en courant en zigzag.

2. Étendu à plat ventre, l'enfant lance un ballon vers vous en le faisant passer sous une chaise.

3. L'enfant lance des billes par pression entre le pouce et le majeur.

4. L'enfant monte la fermeture éclair de son manteau

5. L'enfant passe un élastique autour d'une petite boîte en faisant deux tours.

6. L'enfant tresse trois bouts de laine d'environ quarante centimètres.

7. L'enfant fabrique un collier en enfilant des macaronis. Il refait l'exercice en enfilant des boutons (en alternant gros et petits), ou encore des trombones.

8. L'enfant enfile un bout de laine dans une grosse aiguille et brode le contour d'une forme sur un carton mince.

9. L'enfant enfile une aiguille le plus rapidement possible, puis il la pique sur le dessus et le dessous d'un morceau de tissu.

La motricité fine **37**

10. L'enfant change de contenant les grains de riz crus que vous avez mis dans un bol en les transportant avec une pince à sourcils.

11. L'enfant forme un soleil, une maison, etc., en collant des attaches pour sacs à pain sur une feuille. Il refait l'exercice avec des cure-dents, des bouts de laine, etc.

12. L'enfant découpe une feuille de revue en trois, quatre, cinq morceaux ou davantage et essaie de les rassembler comme un casse-tête.

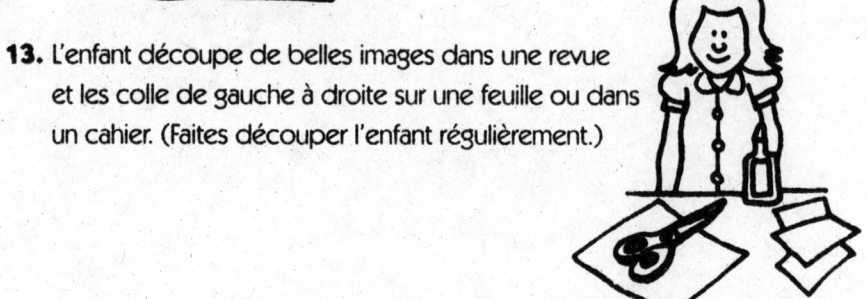

13. L'enfant découpe de belles images dans une revue et les colle de gauche à droite sur une feuille ou dans un cahier. (Faites découper l'enfant régulièrement.)

14. L'enfant dessine des formes géométriques simples (cercle, carré, triangle) et les découpe.

15. Installez régulièrement l'enfant à la table avec des pinceaux, de la gouache, des crayons de couleur. Faites-lui dessiner des personnages, des animaux, des maisons ; encouragez-le à ajouter des détails. (Il est toujours préférable que l'enfant effectue ces activités sur une surface verticale en premier. Si possible, laissez toujours des feuilles affichées sur le mur de sa chambre.)

16. L'enfant apprend à faire des boucles.

CHAPITRE 3
Le schéma corporel

Le schéma corporel est la représentation que nous avons de notre propre corps. Afin d'en venir à réaliser adéquatement ses mouvements, l'enfant doit prendre conscience de toutes les parties de son corps et du rapport qu'elles ont entre elles. Ainsi, il pourra mieux coordonner ses gestes, il aura un meilleur équilibre et sera plus apte à s'orienter dans l'espace qui l'entoure. La méconnaissance de son corps provoque chez l'enfant des mouvements inutiles et un manque d'assurance dans ses activités motrices.

Les exercices moteurs décrits dans le chapitre sur la motricité globale (voir page 11) représentent la première étape du développement du schéma corporel. Ils permettent à l'enfant de contrôler ses mouvements et de percevoir son corps globalement, comme un tout. Vient ensuite l'étape de la prise de conscience de chacune des parties de son corps.

Les exercices présentés dans cette section permettent à l'enfant de sentir chacune des parties de son corps et de les situer les unes par rapport aux autres. Ils lui font également prendre conscience des différentes positions qu'il peut leur faire prendre. Enfin, connaissant ces parties, leur nom et leurs possibilités, il peut mieux adapter ses mouvements à l'espace qui l'entoure.

À mesure que l'enfant prendra conscience de son schéma corporel, vous remarquerez une amélioration lorsqu'il dessinera un «bonhomme», car il sera porté à illustrer les membres qu'il a appris à reconnaître et qu'il a souvent mis en mouvement.

MATÉRIEL : MIROIR, RÈGLE, FOULARD, COUVERTURE, REVUE, BALLON, SACS DE PAPIER, BOUTONS, LAINE, CRAYONS DE CIRE, REVUES, VÊTEMENTS.

ENFANT DE DEUX OU TROIS ANS

Vers deux ou trois ans, l'enfant explore son corps par l'activité motrice; il situe les objets par une activité globale, identifie et nomme certaines parties de son corps : le ventre, les bras, les jambes, les mains, la tête, le front, le dos, le côté, les pieds. (À cet âge, il est important de favoriser d'abord les exercices de motricité globale, car c'est à travers ces activités que l'enfant découvre son corps.)

EXERCICES

1. Lorsque l'enfant prend son bain, il nomme chaque partie du corps qu'il lave : «Je me lave le nez, le front», etc.
2. Lorsque l'enfant s'habille, il dit où il met chaque vêtement : «Je mets mes bas dans mes pieds, je mets mon chapeau sur ma tête, je mets mes mains dans mes mitaines», etc.
3. Habillez-vous devant l'enfant en mêlant l'ordre des vêtements : le soulier sur la tête, le chapeau dans les pieds, le bas dans la main, etc. Après la réaction d'amusement et de surprise de l'enfant, demandez-lui où vous devez mettre chacun des vêtements.
4. L'enfant nomme chacune des parties du corps d'une poupée ou d'un ourson.
5. L'enfant touche et nomme les parties de son corps en se regardant dans le miroir.

Le schéma corporel 41

6. L'enfant doit guérir, en les touchant avec sa baguette magique (une règle, par exemple), les parties de votre corps qui sont atteintes : mal de tête, blessure à la jambe, au bras, etc.

7. L'enfant bouge les parties du corps que vous nommez. Puis, il refait l'exercice les yeux bandés.

8. Placé face à vous, l'enfant appuie progressivement son front contre le vôtre, son bras, sa jambe, son nez, son genou, son pied, etc.

9. L'enfant cache sous une couverture les parties de son corps que vous nommez.

10. Tracez le contour de la tête de l'enfant et affichez le dessin au mur. Le lendemain, tracez son corps et assemblez-le à la tête. Le jour suivant, recommencez avec les jambes et ainsi de suite en ajoutant chaque jour un nouveau membre. Vous pouvez compléter le dessin en ajoutant des cheveux, un nez, des oreilles, etc.

ENFANT DE TROIS OU QUATRE ANS

Assurez-vous que les exercices précédents sont bien intégrés avant de commencer les suivants. Vers trois ou quatre ans, l'enfant peut situer les objets par rapport à son corps ; il affine la perception de son corps, perçoit mieux toutes les parties du visage, reconnaît et nomme davantage de parties : le front, les coudes, le dos, le côté, les pieds, etc.

EXERCICES

1. Prenez différentes postures ; l'enfant vous regarde et vous imite.

2. L'enfant marche librement ; à votre signal, il s'arrête et touche les deux parties de son corps que vous nommez (exemple : tête, bras), etc.

Le schéma corporel   43

3. L'enfant énumère les parties du corps qui touchent le plancher :
   a) couché sur le dos ;
   b) couché sur le ventre ;
   c) à quatre pattes.

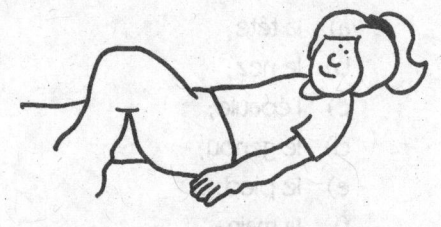

4. L'enfant nomme les parties du corps qu'il utilise pour :
   a) manger ;
   b) sentir ;
   c) entendre ;
   d) courir ;
   e) voir ;
   f) dessiner ;
   g) ramper ;
   h) attraper ;
   i) marcher.

5. À votre demande, l'enfant :
   a) sourit ;
   b) pleure ;
   c) s'assoit ;
   d) se couche sur le dos ;
   e) se couche sur le ventre ;
   f) se met à genoux ;
   g) s'accroupit ;
   h) se lève ;
   i) saute ;
   j) tape des mains.

6. L'enfant pousse le ballon avec :
   a) la tête ;
   b) le nez ;
   c) l'épaule ;
   d) le genou ;
   e) le pied ;
   f) la main ;
   g) le menton ;
   h) l'oreille ;
   i) la cuisse ;
   j) le talon.

7. Assemblez des sacs de papier afin de former un rectangle plus long que la taille de l'enfant. Faites coucher l'enfant et tracez avec une craie le contour de son corps. Demandez-lui de placer des boutons pour indiquer les yeux, le nez, la bouche et les oreilles. Il peut aussi coller des bouts de laine pour les cheveux et dessiner des vêtements.

8. Dessinez un grand bonhomme incomplet et invitez l'enfant à le compléter.

9. Apprenez à l'enfant la chanson *Savez-vous planter des choux ?* Il la chante en imitant les gestes.

10. L'enfant et vous nommez, tour à tour, une partie différente du corps. Reprenez de plus en plus vite.

11. L'enfant place une serviette ou un foulard sur sa tête, son bras, son pied, ses genoux…

Le schéma corporel 45

12. Les yeux bandés, l'enfant nomme la partie du corps que vous lui touchez.

13. Jouez à «Jean dit». Par exemple, «Jean dit: touche ton nez». L'enfant mène le jeu.

ENFANT DE QUATRE ANS OU PLUS

Assurez-vous que les exercices précédents sont bien intégrés avant de commencer les suivants. À partir de quatre ans, l'enfant contrôle mieux son corps; il est plus actif dans ses apprentissages, ce qui l'aide à mieux se situer dans l'espace et à comprendre le monde qui l'entoure.

EXERCICES

1. L'enfant trouve différentes façons de s'asseoir, de se coucher, de rester debout…

2. L'enfant touche au moins trois objets avec différentes parties du corps selon la consigne que vous lui donnez.

Exemple : «Touche trois objets : un avec ta main, un autre avec ton épaule, et un autre avec ton pied.»

3. Jouez à la statue : prenez diverses positions en touchant différentes parties du corps. L'enfant vous imite.

4. L'enfant montre et nomme ce qui l'aide à :
   a) tourner la tête (cou);
   b) plier le bras (coude);
   c) tourner la jambe (hanche);
   d) plier la jambe (genou);
   e) bouger la main (poignet);
   f) bouger le pied (cheville).

5. L'enfant nomme les parties jumelles de son corps : les yeux, les oreilles, les bras, les mains, les jambes, les pieds, les genoux, les coudes, les cils, les sourcils, les narines, les épaules, les poignets, les chevilles.

6. Découpez dans une revue la tête, le tronc, les bras, les jambes, les mains, les pieds d'une personne et demandez à l'enfant de les replacer au bon endroit.

7. Dessinez deux personnages en omettant certaines parties du corps sur l'un d'eux (une oreille, un doigt…). L'enfant doit trouver ce qui manque.

8. L'enfant dessine un bonhomme le plus complet possible. Puis, à votre demande, il nomme les parties au fur et à mesure qu'il les dessine.

9. L'enfant dit à quelle partie du corps l'objet que vous nommez convient.

Exemples :
a) collier… (cou) b) botte… (pied)
c) bracelet… (poignet) d) parfum…
e) lunettes… f) ceinture…, etc.

10. Faites comparer à l'enfant la longueur des doigts de sa main et apprenez-lui leur nom : le pouce, l'index, le majeur, l'annulaire, l'auriculaire.

CHAPITRE 4
La latéralité

La latéralité est la tendance à utiliser de préférence un côté du corps plutôt que l'autre (main, œil, oreille, jambe). Les enfants utilisent tantôt une main, tantôt l'autre, ou les deux, dans des activités qui nécessitent l'utilisation d'une seule main jusqu'à l'âge de quatre ans, où ils manifestent une préférence manuelle. À cet âge, l'enfant comprend que ses membres se situent de chaque côté de son corps, même s'il ignore lesquels se situent du côté droit et lesquels se situent du côté gauche. Il apprend durant cette période les notions droite-gauche qui constituent un point de référence pour l'orientation spatiale ainsi que pour les apprentissages scolaires.

Les difficultés relatives à la lecture résultent de causes diverses dont la confusion droite-gauche. Pour lire, l'enfant devra préalablement envisager la droite et la gauche par rapport à lui, à autrui et aux objets.

Les exercices proposés ici aident donc l'enfant à prendre conscience que son corps a deux côtés identiques. Certains lui permettent d'utiliser séparément le côté droit et le côté gauche et de distinguer ces deux côtés sur son corps.

Il est avantageux de renforcer le côté préféré de l'enfant. S'il est ambidextre (il utilise le côté droit et le côté gauche), il est important de l'aider à préciser une dominance latérale.

MATÉRIEL : FICELLE, ROULEAU DE PAPIER HYGIÉNIQUE, BALLON, PIÈCE DE MONNAIE, SPARADRAP, CUILLÈRE, POIS, PAILLE, CHAISE, PLATEAU D'EMBALLAGE POUR VIANDE, PAPIER, USTENSILES, VERRES, CARTES À JOUER, BOUTONS, LAINE.

ENFANT DE DEUX À QUATRE ANS

Entre deux et quatre ans, il est important de favoriser les exercices qui amènent l'enfant à découvrir sa dominance latérale. Pour cela, il faut lui proposer des activités qui renforcent les deux côtés du corps et être attentif à la préférence de l'enfant au niveau des membres inférieurs et supérieurs, et au niveau des yeux. Plusieurs exercices proposés dans les chapitres de la motricité globale, de la motricité fine et du schéma corporel favorisent l'utilisation tantôt du côté droit, tantôt du côté gauche. Nous vous suggérons de reprendre ces exercices.

ENFANT DE QUATRE À SIX ANS

Entre quatre et six ans, l'enfant prend conscience que ses membres sont identiques de chaque côté de l'axe corporel et il apprend, à partir de sa préférence latérale, les notions droite-gauche. Une fois qu'il distingue la droite de la gauche sur lui-même, il apprend à la différencier sur les objets. N'oubliez pas que l'enfant ne fait pas la réversibilité avant l'âge de sept ou huit ans ; ainsi, lorsque vous êtes placé face à lui, votre main droite devient la gauche, et votre main gauche, la droite.

EXERCICES

1. Remarquez le côté dominant de l'enfant en le faisant
   a) regarder par l'extrémité d'un rouleau de papier hygiénique ;
   b) pousser un ballon avec un pied ;
   c) lancer une pièce de monnaie dans un seau placé à un mètre devant lui.

Il est très important de faire plusieurs exercices semblables à ceux-ci pour vous assurer de la dominance latérale de l'enfant. Par la suite, effectuez des exercices qui développent davantage son côté dominant.

2. Lorsque l'enfant a découvert et senti son côté dominant (le côté qui « travaille » le plus aisément), introduisez le mot « droite » (ou « gauche » pour le gaucher). Pour faciliter la reconnaissance et l'apprentissage de la droite et de la gauche, attachez durant quelques jours une ficelle ou un ruban au poignet droit de l'enfant.

3. Attachez une ficelle séparant verticalement le corps de l'enfant de façon qu'il se rende compte qu'il possède deux côtés identiques. En se regardant dans un miroir, l'enfant nomme et bouge une à une toutes les parties d'un côté (bras, jambe, main, pied, genou, coude, œil, oreille, narine, cil, sourcil). Il reprend avec l'autre côté.

4. L'enfant se cache derrière l'armoire ou la porte et ne laisse paraître que le côté droit ou le côté gauche du corps.

5. L'enfant se couche sur le dos ou à plat ventre sur une corde et bouge un membre du côté droit, puis un autre du côté gauche.

6. L'enfant se regarde dans un miroir et se déguise à l'aide de sparadraps qu'il colle sur sa main droite, sa joue droite, son oreille droite, son genou droit, etc. Il recommence la semaine suivante avec le côté gauche.

7. L'enfant touche le mur avec sa main, son pied, sa cuisse, son coude, son épaule et son genou droit. Il reprend avec le côté gauche.

8. L'enfant marche en tenant dans la main droite une cuillère à soupe qui contient un pois ou un haricot. Il refait l'exercice avec la main gauche.

9. Assis sur le plancher, l'enfant fait rouler un rouleau de papier hygiénique le long de son bras droit, de sa jambe droite. Puis, il reprend avec le côté gauche.

10. L'enfant se chausse seulement du pied droit et se promène ainsi dans la maison ; il retire ensuite sa chaussure et fait le même exercice avec le pied gauche.

11. À votre demande, l'enfant tourne la poignée de porte vers la droite, puis vers la gauche.

12. L'enfant souffle dans une paille en faisant du vent sur sa main, son pied, son genou et sa cuisse droite. Il recommence avec le côté gauche.

13. Fabriquez un jeu de quilles avec des rouleaux de papier hygiénique. L'enfant lance la balle sur les quilles avec la main droite, puis avec la main gauche.

La latéralité 53

14. Découpez un cercle d'environ vingt centimètres de diamètre dans un plateau d'emballage pour viande, puis un cercle d'environ treize centimètres de diamètre à l'intérieur de ce dernier de façon à former un anneau. L'enfant fait tourner cet anneau autour du poignet droit, puis du poignet gauche.

15. L'enfant fait entrer l'anneau (voir exercice précédent) dans une des pattes d'une chaise placée à l'envers en lançant avec la main droite, puis avec la main gauche.

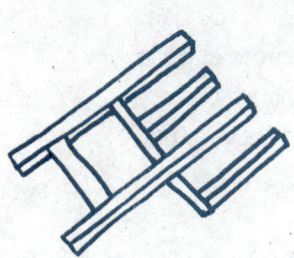

16. L'enfant fait rouler sur la table un rouleau de papier hygiénique vers la droite, puis vers la gauche.

17. L'enfant pousse une boulette de papier jusqu'au mur en donnant des pichenettes de la main droite. Il rejoue à ce jeu avec la main gauche.

18. Placez une ficelle d'environ trois mètres de longueur sur le plancher et demandez à l'enfant de marcher à droite de la ligne. Il recommence, mais, cette fois, en marchant à gauche de la ligne.

19. L'enfant marche librement dans la pièce au son de la musique. Lorsque vous dites «droite», il s'arrête et pose le genou droit sur le plancher. Lorsque vous dites «gauche», il pose le genou gauche sur le plancher.

20. L'enfant est assis sur une chaise. Lorsque vous montez le son de la musique, il lève la jambe et le bras droits. Lorsque le son est faible, il lève la jambe et le bras gauches.

21. L'enfant marche librement dans la pièce. Lorsque vous frappez une fois dans vos mains, il tourne à droite. Lorsque vous frappez deux fois, il tourne à gauche.

22. Faites un cercle d'environ un mètre avec une ficelle. L'enfant tourne autour du cercle sur le pied droit; au signal, il saute à l'intérieur sur le pied gauche. Il reprend en changeant de pied.

La latéralité 55

23. Jouez à «Jean dit : touche ton oreille gauche avec ta main droite, touche ta cheville droite avec ta main gauche, cache ton œil gauche avec ta main gauche». Vous pouvez varier et inventer d'autres gestes. L'enfant devient ensuite le meneur de jeu.

24. L'enfant marque en rouge le côté droit des boîtes de céréales et en bleu le côté gauche.

25. L'enfant vous aide à mettre la table : il place la fourchette à gauche de l'assiette, le couteau à droite.

26. Demandez à l'enfant si le robinet d'eau froide est placé à droite ou à gauche. Reposez la question pour le robinet d'eau chaude.

27. Préparez trois verres d'eau remplis à différents niveaux ; l'enfant place celui qui en contient le moins à droite de la table, celui qui en contient le plus à gauche et le moyen au centre.

28. L'enfant place les cœurs et les carreaux d'un jeu de cartes à droite de la table, puis les piques et les trèfles à gauche.

29. L'enfant fait un soleil avec des boutons à droite de la table et des nuages avec de la laine à gauche de la table. Il reprend en variant les éléments.

30. Sur une feuille, l'enfant dessine un cercle en haut à droite, un carré en bas à gauche. Il reprend en les plaçant différemment et en variant les formes géométriques simples.

31. Dans son livre à colorier, l'enfant colorie les éléments de gauche d'une couleur et les éléments de droite d'une autre couleur.

32. Dans l'illustration ci-dessous, l'enfant **encercle** ou colorie en rouge tout ce qui se dirige vers la droite et en bleu ce qui est orienté vers la gauche.

CHAPITRE 5
L'orientation spatiale

Avant d'aborder l'orientation spatiale, il faut s'assurer que l'enfant connaît bien son schéma corporel, puisqu'il s'oriente dans l'espace à l'aide de son corps. Après avoir découvert son corps, il détermine la position qu'il occupe par rapport aux objets qui l'entourent et établit un ensemble de relations entre ses propres mouvements et ceux de l'extérieur. En utilisant une partie du corps comme référence, l'enfant détermine les notions spatiales de : devant, derrière, à côté, en haut, en bas, au-dessus, au-dessous, près, loin, etc. Ces notions étant plutôt difficiles à acquérir, il faut profiter de toutes les occasions pour les faire expérimenter à l'enfant, l'aider à les apprendre et à les mémoriser.

Après que l'enfant a appris à se situer dans l'espace, il est plus facile pour lui de comprendre les signes graphiques et numériques qui, eux-mêmes, se distinguent de par leur forme, leur grosseur et leur orientation. Ainsi, un enfant qui a des difficultés à s'orienter dans l'espace est porté à inverser les lettres, car il n'en perçoit pas l'orientation ; il peut confondre le p, le b, le d, ne pouvant identifier si le cercle est en haut, en bas, à gauche ou à droite ; il en va de même pour certains chiffres tels que le 3, le 4, dont il peut diriger les pattes dans le sens inverse.

La capacité de se situer dans l'espace favorise donc la lecture et l'écriture. Ainsi, l'enfant prend conscience des différents espaces entre les lettres, les mots et les phrases. Lorsqu'il aborde la lecture et l'écriture, il réalise facilement que les signes se déroulent de la gauche vers la droite, que les lignes s'organisent de haut en bas, que les lettres ont une forme et une orientation définies puis une place déterminée dans la syllabe, de même que celle-ci à l'intérieur du mot et les différents mots dans la phrase.

Entre deux et six ans, l'enfant a donc à s'adapter à l'espace, à s'orienter dans l'espace, à acquérir les notions spatiales et à structurer l'espace.

MATÉRIEL : CHAISES, BALLON, FEUILLES, FICELLE, JOUETS, USTENSILES, BOUTONS, CURE-DENTS, BÂTONNETS À CAFÉ, ASSIETTES, BOÎTES DE CONSERVE, BOÎTES DE CÉRÉALES, LAINE, CRAYON, CRAYONS À COLORIER.

ENFANT DE DEUX OU TROIS ANS

> Vers deux ou trois ans, l'enfant monte, descend, explore avec son corps l'espace vertical et horizontal, les contours, la profondeur des objets par le biais du modelage. Il expérimente dans ses activités sa situation dans l'espace et la place des objets. Il comprend la notion de haut et de bas et acquiert celle de dehors et de dedans.

EXERCICES

1. L'enfant passe **sous** la table, **sous** la chaise, d'abord en rampant et par la suite à quatre pattes.

2. Sans les toucher, l'enfant marche **autour** des chaises placées à différents endroits dans la pièce.

3. L'enfant circule **autour** de divers objets dans la pièce en rampant, en marchant à quatre pattes, puis accroupi.

4. Placez plusieurs jouets dans la pièce. Lorsque vous frappez dans vos mains, l'enfant en prend un et se promène librement **autour** des autres jouets. Au second signal, l'enfant replace son jouet à l'endroit où il l'a pris. Continuez l'activité avec les autres jouets.

L'orientation spatiale

5. À votre demande, l'enfant s'assoit **sur** la chaise, passe **sous** la table, etc.

6. Demandez à l'enfant d'aller **dans** la garde-robe, **dans** la baignoire, etc.

7. L'enfant se cache **derrière** la porte, se place **devant** la chaise, **derrière** le canapé, **devant** la table.

ENFANT DE TROIS OU QUATRE ANS

Vers trois ou quatre ans, l'enfant situe les objets et la place qu'ils occupent en relation avec lui-même. Il est conscient de l'ordre des objets qui lui sont familiers ; il peut se repérer et s'orienter dans les itinéraires simples et acquiert la notion d'habitation.

EXERCICES

1. À votre demande, l'enfant se place **sous** la chaise, **sur** la chaise, **derrière**, **devant**.

2. Formez un cercle d'environ trois mètres de circonférence avec une ficelle. L'enfant s'assoit **à l'intérieur** du cercle, **à l'extérieur** ; il marche **autour**, revient à **l'intérieur**, etc.

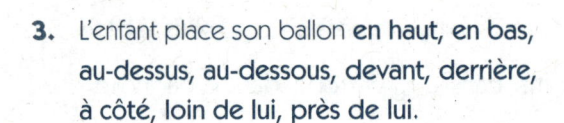

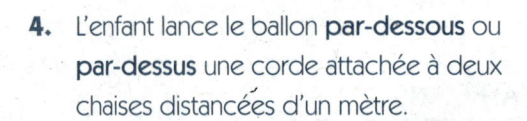

3. L'enfant place son ballon **en haut, en bas, au-dessus, au-dessous, devant, derrière, à côté, loin de lui, près de lui**.

4. L'enfant lance le ballon **par-dessous** ou **par-dessus** une corde attachée à deux chaises distancées d'un mètre.

5. Disposez sur le plancher quelques feuilles d'environ trente centimètres carrés, distancées de trente centimètres les unes des autres ; l'enfant passe **entre** ces feuilles sans les toucher.

6. L'enfant marche en faisant de **grands** pas, puis de **petits** pas.

L'orientation spatiale 63

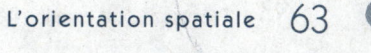

7. L'enfant se place **face** à vous, **dos à dos**, à **côté** de vous, **près** de vous, **loin**, **derrière** et **devant** vous.

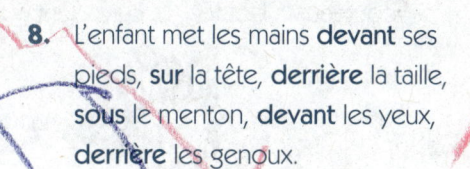

8. L'enfant met les mains **devant** ses pieds, **sur** la tête, **derrière** la taille, **sous** le menton, **devant** les yeux, **derrière** les genoux.

9. L'enfant se rend à une chaise au centre de la pièce en prenant des **détours** (chemin **très long**), puis en **ligne droite** (chemin **très court**).

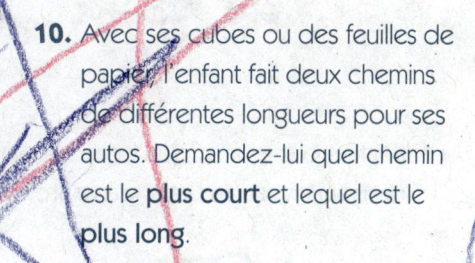

10. Avec ses cubes ou des feuilles de papier, l'enfant fait deux chemins de différentes longueurs pour ses autos. Demandez-lui quel chemin est le **plus court** et lequel est le **plus long**.

11. L'enfant place des jouets **loin** de lui, **près** de lui, **près** de vous, **loin** de vous. Demandez-lui de placer un objet **plus loin** que…, **plus près** que tel autre.

12. L'enfant dépose une cuillère **devant** la chaise, une fourchette **derrière** la chaise, un couteau **à côté** de la chaise, un bouton **sur** la chaise, un cure-dent **sous** la chaise. Demandez-lui ensuite où sont la cuillère, la fourchette, le couteau, le bouton, le cure-dent.

13. L'enfant place des petits boutons **dans** un bol et des plus gros **autour**.

14. En comparant des assiettes, l'enfant doit découvrir laquelle est la **plus grande**, la **plus petite**, la **moyenne**.

L'orientation spatiale   65

15. L'enfant compare les boîtes de céréales, de biscuits, etc.; il trouve la **plus basse** et la **plus haute**.

16. Tracez des chemins de différentes longueurs sur une feuille; l'enfant repasse avec la craie rouge sur le chemin le **plus court**, avec la craie bleue sur le chemin le **plus long**.

17. Dessinez un cercle sur une feuille; l'enfant place un bouton rouge **à l'intérieur** du cercle, un bouton bleu **à l'extérieur**, un bouton vert **près** du bouton bleu, un bouton noir **loin** du bouton bleu, etc.

ENFANT DE QUATRE OU CINQ ANS

> Assurez-vous que les exercices précédents sont bien intégrés avant de commencer les suivants. Vers quatre ou cinq ans, l'enfant comprend les sens: haut, bas, avant, arrière, sur, sous, par terre, dans, dehors, ici, à gauche, à droite, devant, derrière, etc. Il est capable de respecter les consignes: suivre, s'éloigner, se rapprocher, s'en aller, se cacher, se reculer, etc. Il compare les dimensions et saisit la notion de volume.

EXERCICES

1. Assis au centre de la pièce, l'enfant nomme ce qui est **en avant**, **en arrière**, **à côté** et **derrière** lui ainsi qu'à sa **droite** et à sa **gauche**.

2. L'enfant lance le ballon **en haut, en avant, en arrière**, à sa **droite** et à sa **gauche**.

3. L'enfant fait tourner la balle **autour** de sa tête, de sa taille, de ses genoux, de ses chevilles; il la place **derrière** son dos, **devant** son pied, **sur** sa tête, etc.

4. L'enfant sépare des boîtes de conserve; il place les **plus grosses** à droite et les **plus petites** à gauche.

5. L'enfant sépare des morceaux de laine de différentes longueurs en déposant les **plus courts** à gauche de la table et les **plus longs** à droite.

6. Avec des cure-dents, l'enfant forme de petits et de grands carrés et de petits et de grands triangles.

L'orientation spatiale 67

7. L'enfant relie avec de la laine des boutons placés à différents endroits sur la table.

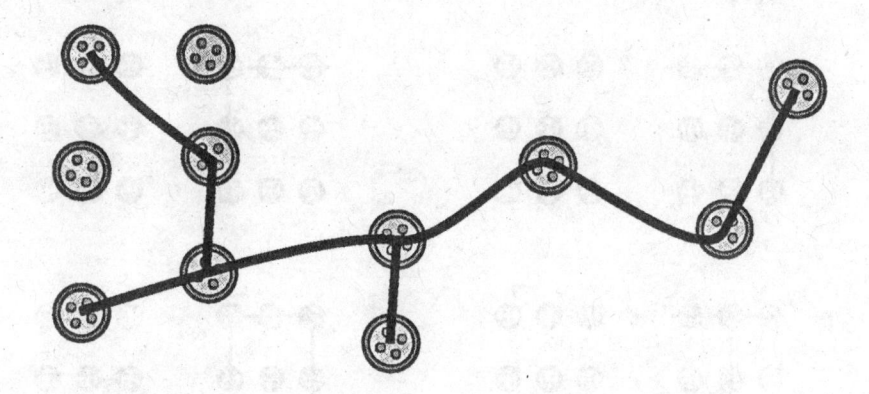

8. Faites des dessins avec des boutons et des cure-dents ; demandez à l'enfant de les reproduire. Vous pouvez également utiliser de la pâte à modeler. L'enfant fait des queues de souris avec lesquelles vous produisez un modèle qu'il devra imiter par la suite. Faites des modèles de lettres, par exemple, en faisant des cercles et des droites*.

---

* Les modèles proposés dans certains exercices peuvent être reproduits sur de grandes feuilles et épinglés sur un tableau d'affichage dans la chambre de l'enfant.

9. Placez des boutons sur la table et reliez-les avec des bouts de laine de façon à former un dessin. L'enfant doit reproduire le même dessin à côté.

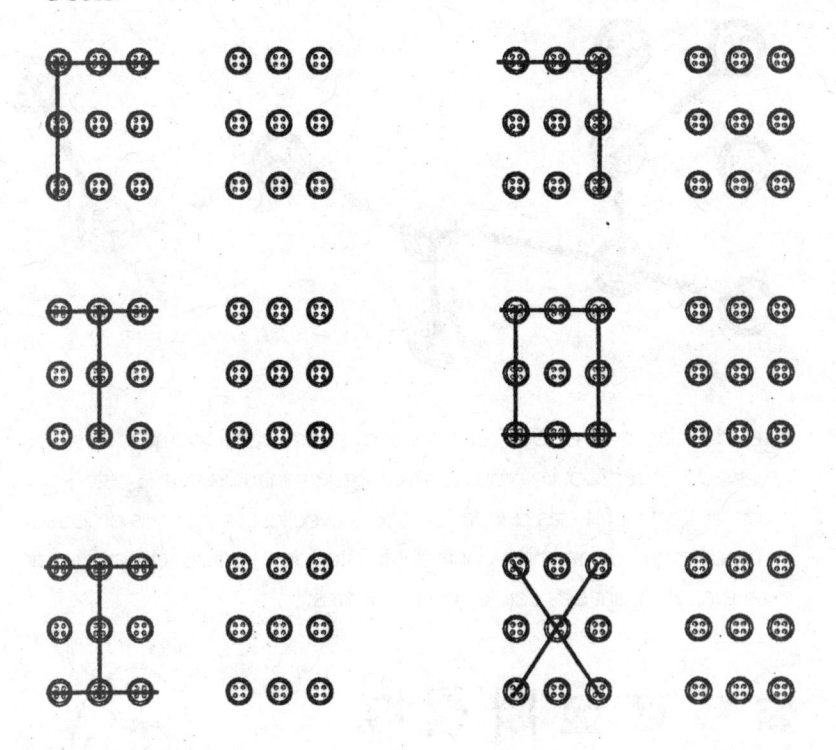

10. Placez des boutons sur la table ; l'enfant doit en replacer d'autres de façon identique, en respectant l'ordre de succession et l'espace entre les boutons.

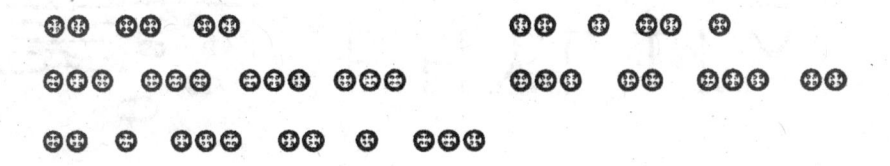

L'orientation spatiale 69

11. L'enfant reproduit le modèle en encerclant les croix.

12. L'enfant reproduit les dessins que vous avez faits sur la table avec des bouts de laine.

Exemples :

13. Faites des tracés avec des cure-dents ou des bâtonnets à café et demandez à l'enfant de les reproduire.

Exemples :

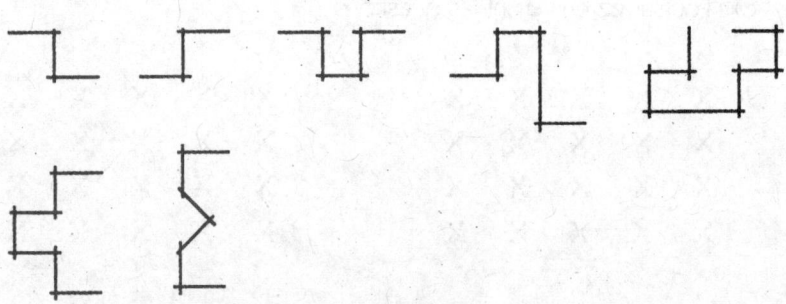

14. L'enfant suit le parcours des bouts de corde que vous avez placés sur le plancher. Il refait le même parcours, mais à côté du modèle.

Exemples :

15. Placez différents objets sur le plancher ou sur la table et demandez à l'enfant de mesurer la distance entre chacun en utilisant son soulier, des bâtonnets à café, etc. Exemple : du ballon à la poupée, il y a cinq bâtonnets ; il y a une longueur de quatre souliers entre le ballon et la chaise.

16. Tracez un parcours sur une feuille quadrillée et demandez à l'enfant de le décrire. Exemple : « J'avance de deux pas, je fais deux pas vers la droite, je recule de deux pas, je fais deux pas vers la gauche », etc.

Variante : donnez oralement un parcours à l'enfant et demandez-lui de le tracer sur une feuille.

17. L'enfant encercle les croix que vous lui désignez.

Exemples :
a) Encercle en bleu la troisième croix de la deuxième rangée ;
b) Encercle en rouge la deuxième croix de la troisième rangée ;
c) Encercle en vert la première croix de la quatrième rangée ;
d) Encercle en jaune la quatrième croix de la première rangée ;
e) Poursuivez en variant les questions.

```
a)  X  X  X  X  X        b)  X  X  X  X  X
    X  X  X  X  X            X  X  X  X  X
    X  X  X  X  X            X  X  X  X  X
    X  X  X  X  X            X  X  X  X  X
```

c) X X X X X   d) X X X X X
    X X X X X   X X X X X
    X X X X X   X X X X X
    X X X X X   X X X X X

18. L'enfant dessine des cercles, des carrés ou des triangles dans les cases que vous lui indiquez.

Exemples :
a) Dessine un cercle bleu dans la deuxième case de la cinquième rangée ;
b) Dessine un carré vert dans la cinquième case de la troisième rangée ;
c) Dessine un triangle rouge dans la première case de la deuxième rangée.

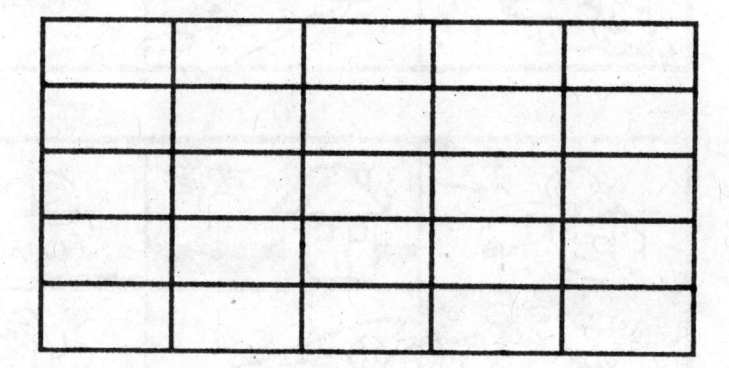

19. L'enfant reproduit les dessins suivants.

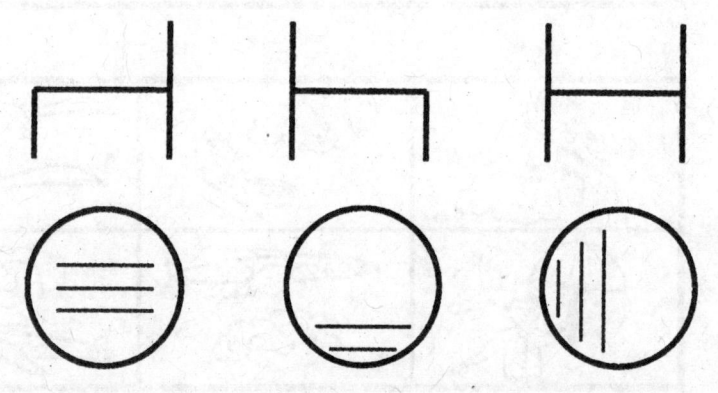

20. L'enfant colorie :

   a) ce qui est **devant** ;
   b) ce qui est **derrière** ;
   c) ce qui est **au-dessus**.

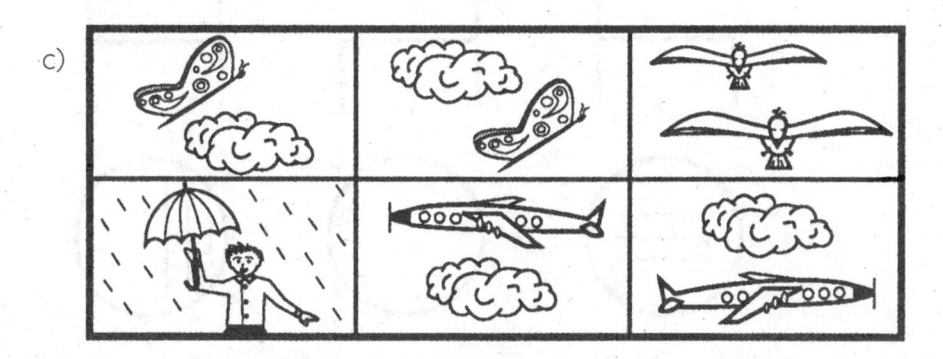

L'orientation spatiale   73

21. L'enfant colorie :

    a) en rouge les avions qui se dirigent vers le **haut** ;

    b) en bleu les avions qui se dirigent vers le **bas**.

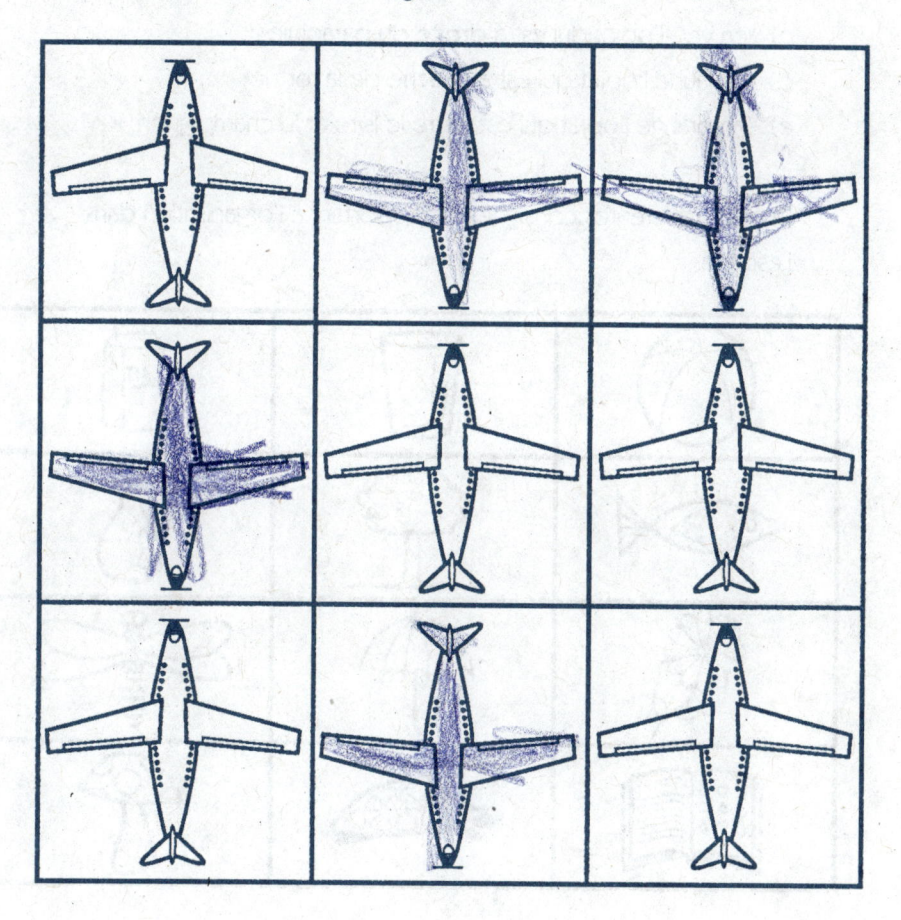

22. L'enfant colorie :

   a) en bleu l'objet qui est **au-dessus** de l'arbre ;
   b) en rouge l'objet qui est **au-dessous** du poisson ;
   c) en vert l'objet qui est **à droite** du parapluie ;
   d) en jaune l'objet qui est **à gauche** de la tortue ;
   e) en orange l'objet qui est **entre** le livre et le champignon.

Donnez différentes consignes se rapportant à l'organisation dans l'espace.

23. À votre demande, l'enfant place un bouton :

a) **avant** la pomme ;

b) **après** le soleil ;

c) **en haut** du parapluie ;

d) **en bas** du chat ;

e) **au-dessus** de la banane ;

f) **au-dessous** de la botte.

Continuez l'exercice en variant la couleur des boutons et les consignes se rapportant à l'organisation dans l'espace.

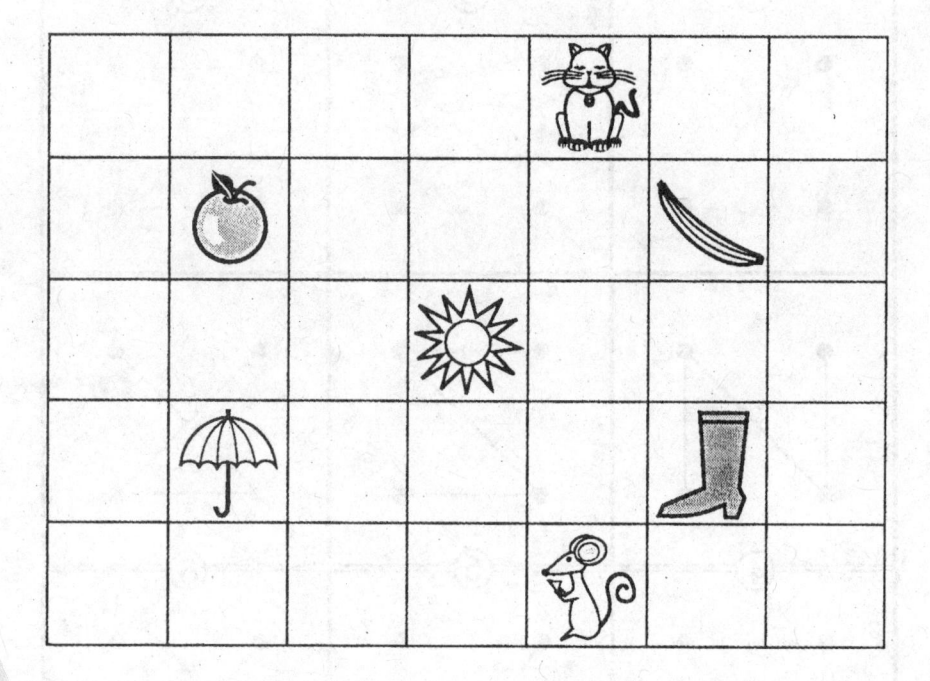

24 Reproduisez des modèles semblables et demandez à l'enfant de relier les points selon les modèles. Augmentez le niveau de difficulté au fur et à mesure qu'il réussit.

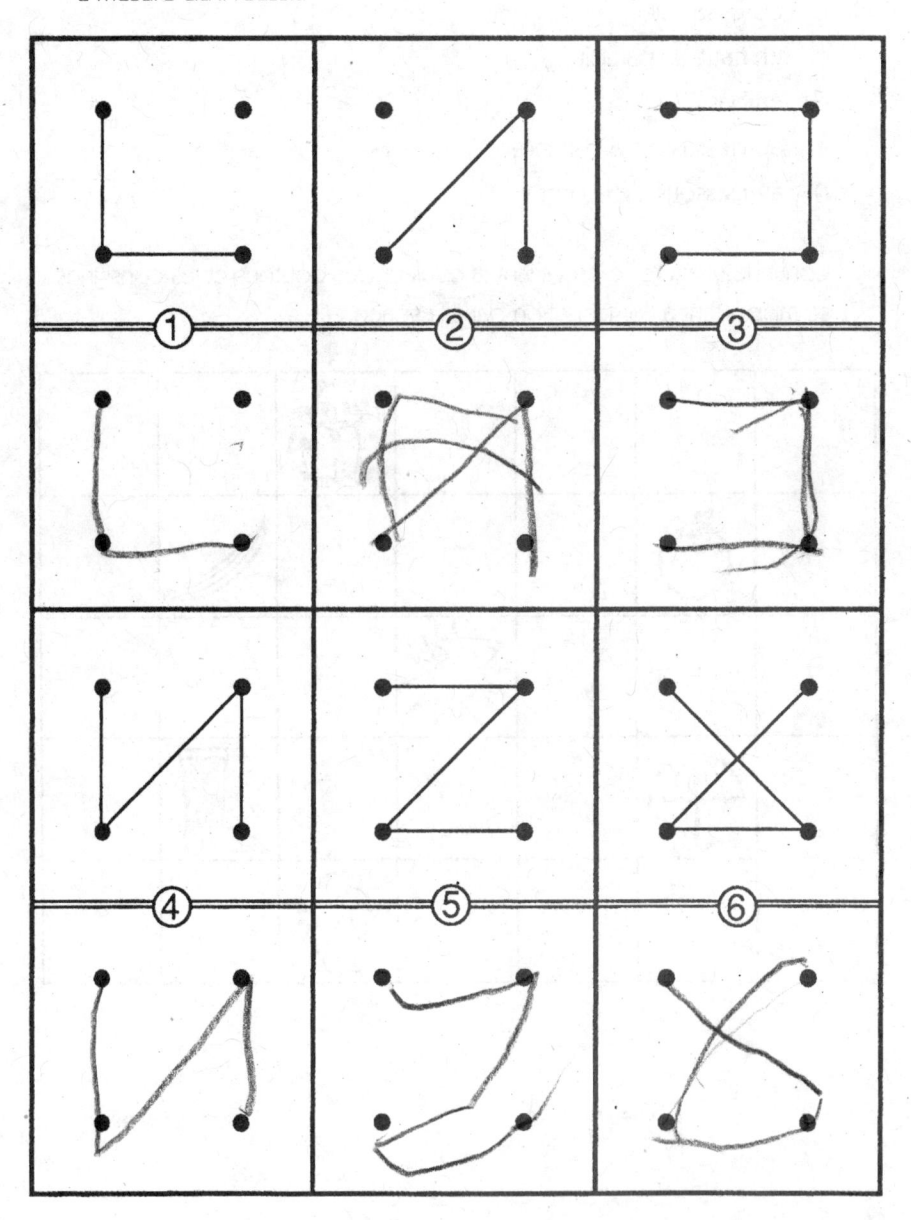

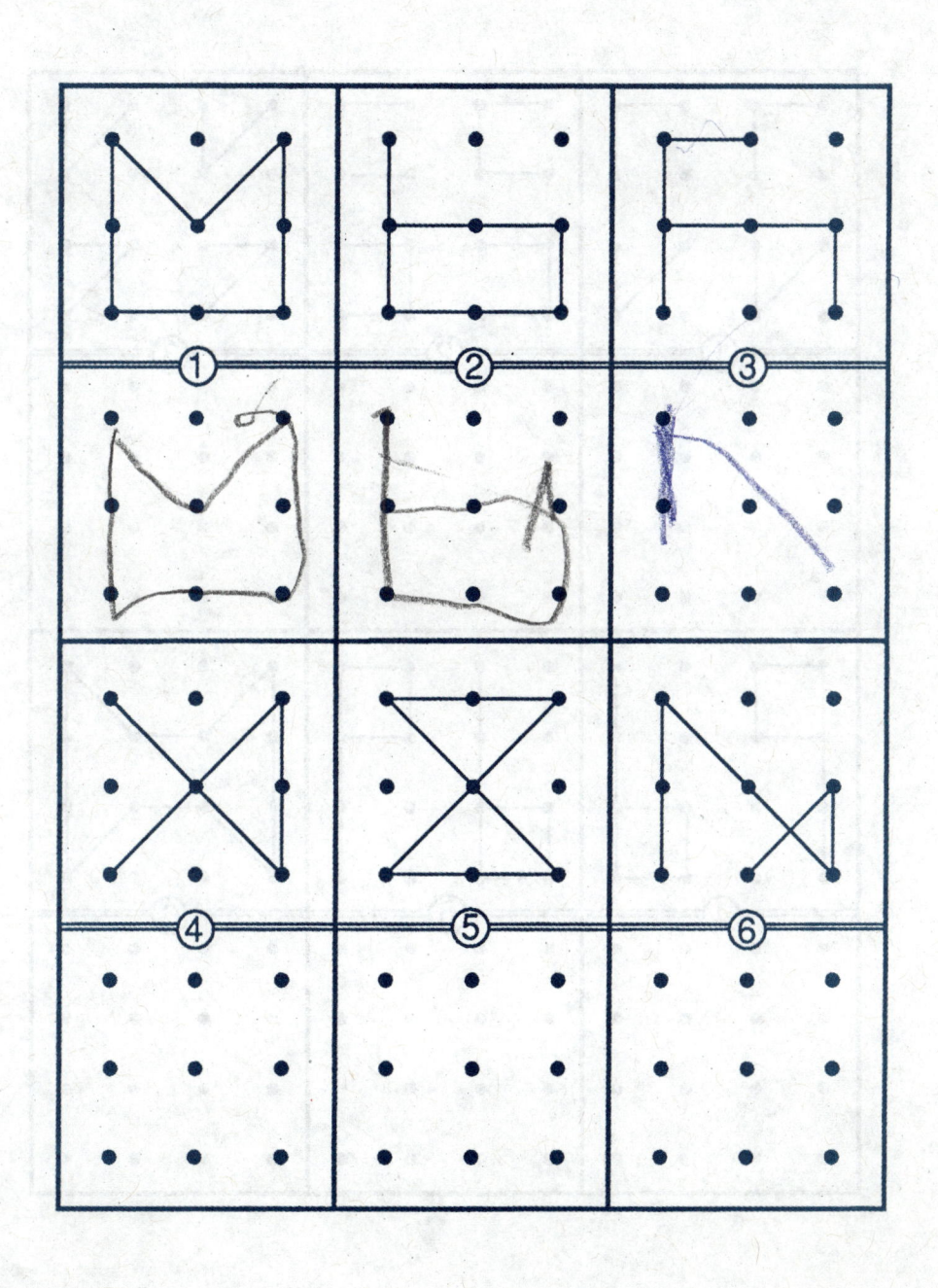

L'orientation spatiale 77

78 Préparez votre enfant à l'école

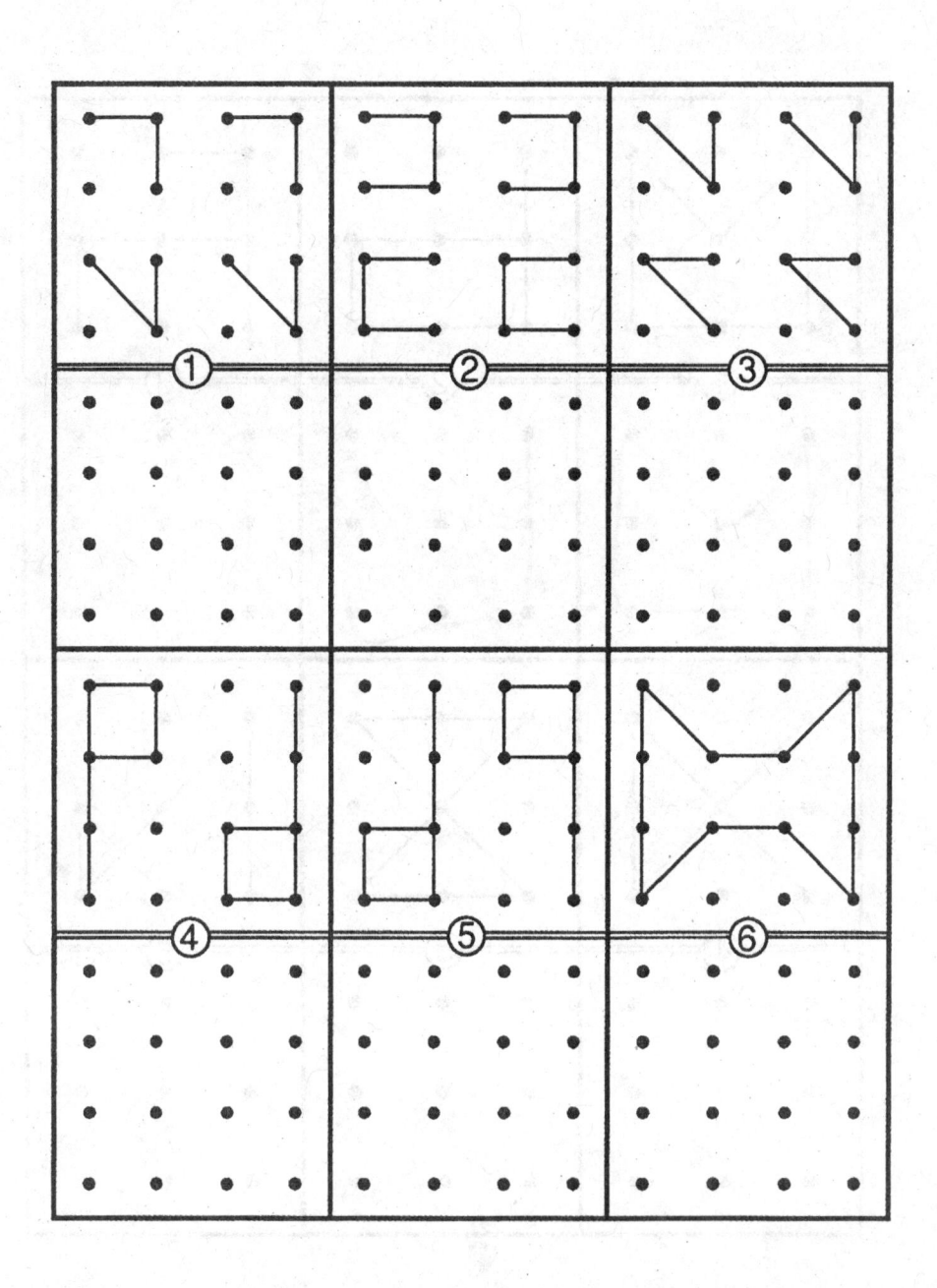

CHAPITRE 6

L'orientation temporelle et le rythme

Lorsque nous parlons d'orientation temporelle, cela implique pour l'enfant qu'il fasse la synthèse de trois opérations de base dont : l'ordre, la durée et la mesure du temps.

La première opération détermine la suite des événements, c'est-à-dire l'ordre dans lequel ils se déroulent, par exemple, le lever, le petit déjeuner, le départ pour l'école, etc.

La deuxième opération concerne l'espace de temps qui s'est écoulé entre deux événements, c'est-à-dire l'intervalle entre deux activités ; par exemple, le temps qui sépare le lever du départ pour l'école. La durée peut se définir en jours, en heures, en minutes ou en secondes.

La troisième, soit la mesure, représente la vitesse de déroulement du temps ; par exemple, lorsque l'enfant fait une activité qu'il aime, le temps lui semble très court ; par contre, lorsqu'il fait une tâche qu'il trouve pénible, le temps lui paraît long.

Lorsque nous réunissons ces trois étapes, nous parlons de rythme, qui est la synthèse de l'ordre, de la durée et de la mesure du temps. Le rythme est donc la manière dont le sujet comprend, mémorise et reproduit des séquences temporelles. Ainsi, à travers son propre mouvement, l'enfant découvre certains rythmes, rapides ou lents ; il acquiert ainsi le sens du rythme et de ses variations, l'intensité des sons, des mots, des phrases, ce qui lui permettra une lecture vive et imagée. Nous ferons donc de cette notion une étude privilégiée.

Le temps est une notion difficile à acquérir pour le jeune enfant, mais elle ne doit pas pour autant être négligée. Ainsi, il apprendra à situer les événements passés, présents ou futurs ; il pourra découvrir l'ordre naturel des choses et structurer les relations entre les événements. Cela lui facilitera également l'apprentissage de la lecture, car il percevra mieux la succession des lettres, des mots et, ainsi, saisira mieux l'ensemble du message lu.

Entre deux et six ans, l'enfant doit donc s'adapter au temps, s'orienter dans le temps, acquérir les notions qui le concernent et le structurer. Les exercices proposés ci-dessous l'amènent à percevoir les actions, la durée, l'ordre, la vitesse et le rythme.

MATÉRIEL : MOUCHOIRS EN PAPIER, PHOTOS DE L'ENFANT, IMAGES DE SAISONS, VERRES D'EAU, CHAISES, VÊTEMENTS, IMAGES D'ALIMENTS, USTENSILES, COUVERCLES, PIÈCES DE MONNAIE, POT, AIGUILLE, FEUILLES DE PAPIER, CALENDRIER, POMME.

ENFANT DE DEUX OU TROIS ANS

Vers deux ou trois ans, l'enfant expérimente la notion de temps en acceptant d'attendre. Il comprend la notion du « maintenant » et saisit une succession simple d'événements qui ne font référence qu'au passé immédiat. Vers trois ans, il utilise une dizaine de mots pour désigner le temps, qu'il peut décrire par des termes comme hier, demain, aujourd'hui.

Profitez de différentes situations au cours de la journée pour permettre à l'enfant d'attendre de courts instants. Par exemple : lorsqu'il demande de l'eau, dites-lui d'attendre et donnez-lui ce qu'il a demandé quelques minutes plus tard. Suggérez-lui de s'asseoir en attendant ou, par exemple, de chanter, de sauter, etc.

L'orientation temporelle et le rythme   81

EXERCICES GÉNÉRAUX

1. L'enfant marche dans la pièce : **rapidement, lentement.**

2. L'enfant frappe dans ses mains : **rapidement, lentement.**

3. L'enfant lance un mouchoir en papier dans l'air et s'assoit par terre **avant** que le mouchoir touche le plancher. Il raconte ensuite ce qu'il a fait dans l'ordre.

4. L'enfant lance un mouchoir en papier dans l'air et frappe dans ses mains **pendant** qu'il descend ; lorsque le mouchoir touche le plancher, il crie : « bravo ! ».

5. Profitez de toutes les occasions où l'enfant s'habille pour lui préciser les mots qui indiquent le temps. L'enfant met ses bas **avant** son pantalon, son chandail **après** ses souliers, etc.

6. L'enfant doit se laver les mains **avant** le repas.

7. À l'heure des repas, dites à l'enfant qu'il mangera son potage **avant** la viande, qu'il aura son dessert **après** les légumes.

8. Invitez l'enfant à mettre son chandail blanc le **matin** et son chandail bleu, l'**après-midi**.

9. Annoncez à l'enfant qu'il aura une pomme dans l'**après-midi**.

10. Dites à l'enfant qu'il a une pomme aujourd'hui et qu'il aura un biscuit **demain**.

11. Rappelez à l'enfant qu'il a eu un biscuit **hier** et qu'il aura une banane **aujourd'hui**.

12. Profitez de toutes les situations pour permettre à l'enfant d'acquérir le vocabulaire qui indique le temps. Mentionnez souvent au cours de la journée les mots : avant, après, le matin, l'après-midi, le soir, en premier, en dernier, hier, aujourd'hui, demain, dans trois dodos, tôt, tard, départ, arrivée, etc.

L'orientation temporelle et le rythme   83

13. L'enfant part de la chaise et se rend à la table. Demandez à l'enfant quel était le point de **départ**? Quel est le point d'**arrivée**?

14. Pour aider l'enfant à évaluer le temps, dites-lui que, dans cinq minutes, vous lui donnerez de la crème glacée. Montrez-lui sur l'horloge en lui expliquant que dans cinq minutes, la grande aiguille sera rendue à…

15. L'enfant doit spécifier quel repas il prend le **matin**, le **midi**, le **soir**. Ce qu'il a mangé au **déjeuner**, au **dîner**, dans l'**après-midi**.

16. Rappelez à l'enfant l'émission de télévision qu'il écoute le **matin**, l'**après-midi** ou le **soir**.

17. L'enfant explique quel chemin il doit prendre pour se rendre au magasin.

EXERCICES DE RYTHME

1. Marquez un rythme régulier en frappant sur la table. L'enfant marche en suivant :

    a) un rythme lent ;
    b) un rythme rapide.

Variantes : imprimez un rythme lent, régulier ou rapide. L'enfant marche en suivant le rythme et doit dire s'il est lent, régulier ou rapide.

2. L'enfant chante et marque le rythme de sa chanson en frappant sur la table.

3. L'enfant marche en suivant le rythme et en frappant deux cuillères de métal.

4. L'enfant marche lourdement comme un ours lorsque vous frappez sur vos genoux et comme une girafe lorsque vous frappez sur la table.

5. Frappez dans les mains et demandez à l'enfant de marcher en suivant le rythme :

    a) comme le soldat de bois ;
    b) comme la danseuse de ballet (sur la pointe des pieds) ;
    c) comme le petit canard.

6. L'enfant marche lorsque vous frappez sur la table avec une cuillère de bois ; il court lorsque vous frappez sur une casserole.

7. L'enfant marche en suivant le rythme que vous marquez avec une cuillère de bois sur la table; lorsque vous frappez fort, il saute.
8. Lorsque vous frappez dans vos mains, l'enfant marche vers l'avant (en suivant le rythme); lorsque vous frappez sur la table, il marche à reculons.
9. Établissez des rythmes lents, rapides, réguliers. L'enfant marche en suivant le rythme et court s'asseoir sur la chaise quand vous cessez de frapper.
10. Lorsque vous marquez un rythme régulier, l'enfant marche autour de deux chaises placées côte à côte; lorsque vous accélérez, il court partout dans la pièce.
11. Frappez deux couvercles ensemble. L'enfant marche jusqu'à ce que le son s'arrête.
12. Chantez tour à tour sur un rythme lent, régulier et rapide. L'enfant suit le rythme en marchant.
13. Mettez des pièces de monnaie dans un pot et demandez à l'enfant de marcher lentement ou rapidement selon le rythme que vous créez en secouant le pot.
14. Lorsque vous montrez une cuillère à l'enfant, il tape fortement des mains; lorsque vous montrez une fourchette, il tape doucement.
15. L'enfant place une cuillère sur la table lorsque vous frappez fort; lorsque frappez doucement, il place une fourchette.
16. L'enfant place une grosse cuillère sur la table lorsque vous frappez fortement deux couvercles ensemble; lorsque vous frappez doucement, il place une petite cuillère.

ENFANT DE QUATRE OU CINQ ANS

> Assurez-vous que les exercices précédents sont bien intégrés avant de commencer les suivants. Vers quatre ou cinq ans, l'enfant commence à comprendre la séquence temporelle, il utilise la succession des événements qui se suivent au cours d'une journée; il répète une histoire en conservant les principaux éléments et peut ordonner ses idées suivant une logique. Vers cinq ans, il démontre une meilleure compréhension du temps, il repère et illustre une histoire en conservant les principaux éléments et connaît la majorité des mots qui indiquent le temps.

EXERCICES GÉNÉRAUX

1. L'enfant imite dans le même ordre trois actions différentes que vous venez de faire. Ensuite, il vous dit ce qu'il a fait en premier, en deuxième et en dernier.

2. L'enfant raconte sa journée en commençant par les activités du matin et ainsi de suite. Incitez l'enfant à utiliser les mots suivants: **pour commencer..., et puis..., ensuite..., après..., en dernier lieu.**

3. Demandez à l'enfant de nommer une action qu'il a faite le **matin**, une autre qu'il a faite le **midi** et une autre, le **soir**.

4. L'enfant nomme dans l'ordre les vêtements qu'il doit mettre lorsqu'il s'habille.

5. Profitez des promenades pour faire raconter par l'enfant la suite logique des événements.

L'orientation temporelle et le rythme 87

6. Lorsque vous préparez un gâteau ou le repas, l'enfant raconte dans l'ordre ce que vous avez fait.

7. L'enfant dispose en ordre sur la table quatre verres d'eau remplis à différents niveaux, en commençant par celui qui en a **le moins**. Il reprend en commençant par celui qui en a le **plus**.

8. Montrez à l'enfant des images de céréales, de potage, de viande, de gâteau et demandez-lui de les placer en ordre logique, c'est-à-dire ce qu'il doit manger en premier, en deuxième, etc.

9. L'enfant place une fourchette **au centre** de la table, un couteau **avant** la fourchette, une cuillère **après** la fourchette, un crayon **avant** le couteau, un bouton **après** la cuillère. Demandez-lui ensuite lequel est **le premier, le dernier**, celui qui vient **avant** l'un, **après** l'autre.

10. L'enfant aligne une série d'objets sur la table. Il vous dit ensuite lequel est **le premier, le deuxième, le troisième, le dernier,** celui qui est placé **juste avant le deuxième, juste après le deuxième, juste avant le troisième, juste après le troisième.**

11. L'enfant nomme dans l'ordre les ustensiles que vous venez de prendre (fourchette, couteau, cuillère à soupe et cuillère à café). Incitez-le à utiliser les termes suivants : **d'abord** tu as pris…, **puis**…, **ensuite**…, **enfin**… Tu as pris le couteau **avant** la cuillère à soupe, la cuillère à café **après** la cuillère à soupe, etc.

12. Chaque jour, l'enfant indique la température sur le calendrier ; il dessine un soleil pour le beau temps, des gouttes de pluie lorsqu'il pleut, des nuages lorsque c'est nuageux, des flocons lorsqu'il neige. Demandez souvent à l'enfant quelle température il faisait **hier,** quel temps il fait **aujourd'hui,** quelle température il faisait le **premier** jour du mois, etc.

13. L'enfant trouve des différences entre le jour et la nuit ; il dit ce que les gens font durant ces deux périodes.

L'orientation temporelle et le rythme   89

14. L'enfant mentionne quels vêtements il portait **hier**, ceux qu'il porte **aujourd'hui**, ce qu'il aimerait revêtir **demain**.

15. L'enfant raconte ce qui est arrivé au début et à la fin de l'histoire que vous venez de lui lire, avant tel événement, après tel autre.

16. Sur une feuille de calendrier, inscrivez pour chacun des jours l'émission préférée de l'enfant. Vous pourrez utiliser cette feuille pour lui apprendre les notions suivantes : **hier, aujourd'hui et demain**, en lui demandant quelle émission il a regardée **hier**, celle qu'il a regardée **aujourd'hui** et celle qu'il regardera **demain**.

17. L'enfant imite le cri du premier animal, du troisième, du deuxième, du quatrième, du dernier, de celui placé avant le…, après le…, etc.

18. Jouez à un jeu avec l'enfant et demandez-lui si le jeu a duré longtemps ou non. Dites-lui après chaque activité combien de temps celle-ci a duré.

Exemple : « Nous avons fait le gâteau en une demi-heure », « Tu as fait le casse-tête en quinze minutes », « Tu t'es brossé les dents en trois minutes », etc.

19. Regardez avec l'enfant plusieurs de ses photos et demandez-lui de les placer en ordre chronologique, c'est-à-dire de la naissance jusqu'à aujourd'hui. Profitez-en pour introduire les termes suivants : **passé, présent, futur.**

20. Montrez à l'enfant des images représentant les quatre saisons. Expliquez-lui les phénomènes caractéristiques de chacune d'elles et l'ordre d'évolution. L'enfant dit quelle saison vient avant l'été, après l'automne, etc.

21. Sur un calendrier, l'enfant illustre des événements qui auront lieu certains mois. Par exemple, il dessine un bonhomme de neige en janvier, un cœur en février pour la Saint-Valentin, un œuf pour Pâques, un poisson en avril, une pomme pour le premier jour d'école, un gâteau sur le mois de son anniversaire, un visage représentant les membres de sa famille au jour de leur anniversaire, une piscine en juillet, une citrouille à l'Halloween, etc. Apprenez-lui également à nommer les mois de l'année dans l'ordre.

L'orientation temporelle et le rythme   91

22. Demandez à l'enfant de dessiner un symbole pour chaque jour de la semaine, par exemple, un aliment qu'il aimerait manger, puis demandez-lui ce qu'il mangera mardi, quel jour il mangera une pomme, une banane, des spaghettis, etc.

23. L'enfant récite dans l'ordre les jours de la semaine. Demandez-lui souvent quel jour on est aujourd'hui, hier, etc.

24. L'enfant découpe les images suivantes en suivant les lignes pointillées. Il les colle sur une feuille ou dans un album et les place en ordre en commençant :

a) par le plus petit ;

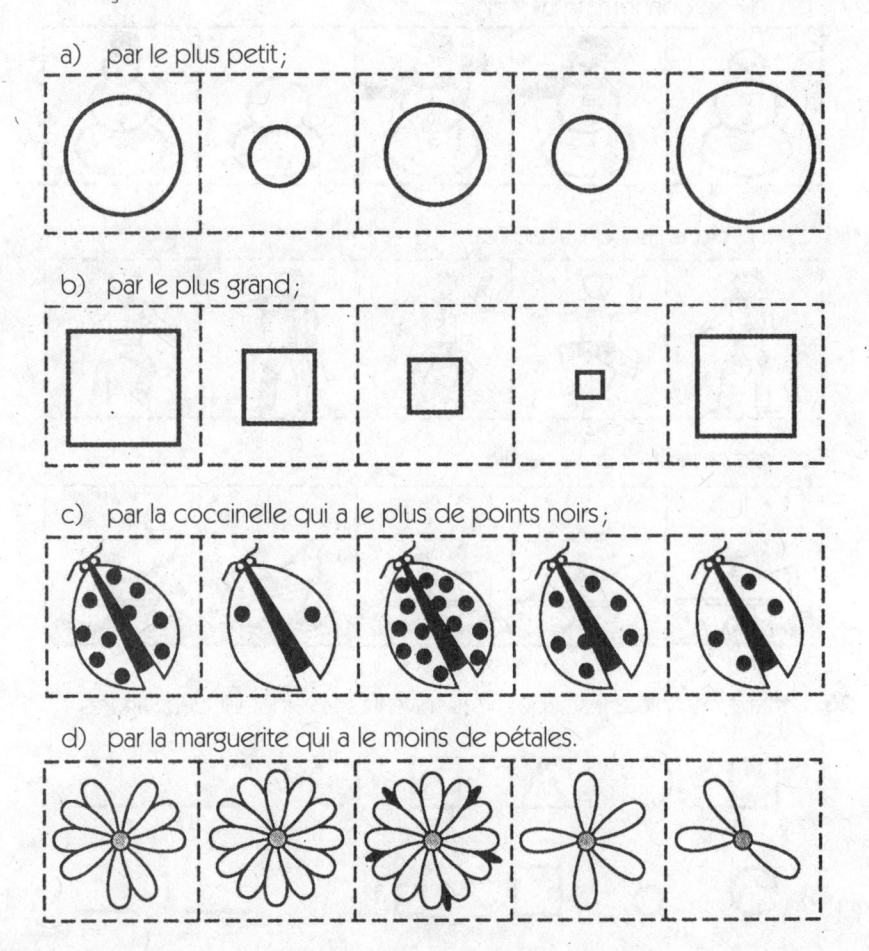

b) par le plus grand ;

c) par la coccinelle qui a le plus de points noirs ;

d) par la marguerite qui a le moins de pétales.

25. Après avoir découpé les images en suivant les lignes pointillées et les avoir collées dans l'ordre sur une feuille ou dans un album, l'enfant raconte l'histoire :

a) de cet arbre ;

b) de ce bonhomme de neige ;

c) de cet enfant qui s'habille ;

c) de cet enfant qui s'habille ;

26. L'enfant complète les séquences suivantes en ajoutant deux figures.

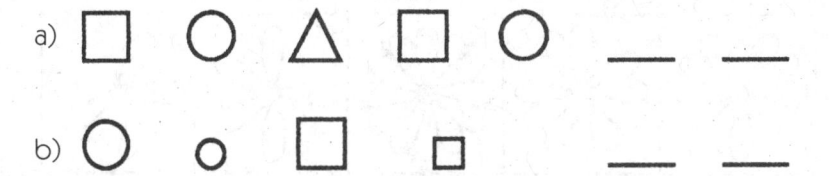

a) ☐ ○ △ ☐ ○ ___ ___

b) ○ ○ ☐ ☐ ___ ___

L'orientation temporelle et le rythme   93

c) △△ △ ○○ ○ □ __ __

d) ○ □ △ ○ □ __ __

EXERCICES DE RYTHME

1. Demandez à l'enfant qui va le plus vite ou le plus lentement entre :
   a) l'avion et le train ;
   b) le train et le bateau ;
   c) aller à bicyclette et à pied ;
   d) la tortue et le canard ;
   e) le cheval et le chat.

2. Lorsque vous montrez un objet à l'enfant, il frappe un coup dans ses mains ; lorsque vous montrez deux objets, il frappe deux coups, etc.

3. L'enfant chante en marquant le rythme de sa chanson sur un verre vide, un à moitié rempli et un plein.

4. Posez des questions à l'enfant et demandez-lui de répondre lentement en scandant chacune des syllabes avec deux cuillères de métal frappées l'une contre l'autre.

5. Tapez dans vos mains et demandez à l'enfant de percer des trous avec une aiguille dans une feuille en suivant le rythme. Frappez de plus en plus vite.

6. En tapant sur un ballon, l'enfant suit le rythme que vous établissez lorsque vous frappez dans vos mains.

7. Prononcez lentement les noms des personnes que l'enfant connaît ou des noms d'objets et demandez-lui de suivre la cadence en tapant des mains, en sautant, en tournant la tête, etc.

8. L'enfant écoute de la musique ou ses disques préférés et suit le rythme en inventant des mouvements.

9. Apprenez des comptines à l'enfant et demandez-lui de scander le rythme en tapant dans ses mains, sur ses genoux, sur la table ou en tapant des pieds.

10. Prononcez lentement des mots plus ou moins longs et demandez à l'enfant de tracer une ligne sur sa feuille durant toute la durée du mot. Émettez des sons longs ou courts et demandez à l'enfant de tracer une ligne horizontale, puis une ligne verticale durant la durée de chaque son.

11. Montrez un objet à l'enfant et demandez-lui d'émettre le son « a » jusqu'à ce que vous montriez un autre objet. Levez le bras et demandez-lui d'émettre le son « ou » jusqu'à ce que vous baissiez le bras, etc.

12. L'enfant compose des séquences rythmiques avec des cure-dents, des boutons, des pièces de monnaie, etc. Puis, il transcrit ses séquences sur une feuille. Il peut aussi en composer de nouvelles par écrit.

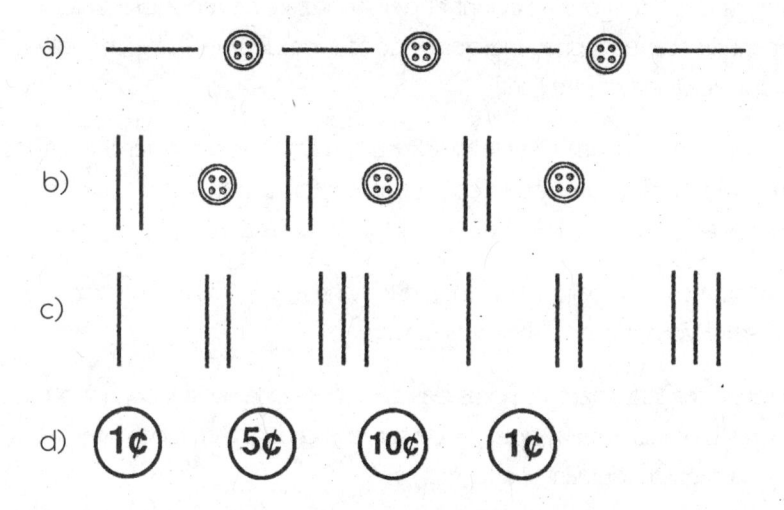

13. L'enfant suit les séquences ci-dessous. Le carré signifie que l'enfant tape des mains; le cercle, qu'il tape sur ses genoux; le triangle, qu'il tape sur ses épaules.

a) □ ○ ○ △

b) △ △ □ □ ○

c) ○ □ △ △ ○

d) ○ △ ○ △ □ ○

CHAPITRE 7
L'organisation perceptive

Lorsque nos sens perçoivent un objet, différentes étapes s'opèrent; c'est ce qu'on appelle l'organisation perceptive. Si nous parlons de la vue, par exemple, nous dirons que le sujet voit l'objet (perception), puis il fixe le regard (attention visuelle), ensuite, il retient l'image (mémoire visuelle), et, enfin, il distingue l'image de façon sélective (discrimination visuelle). Ces étapes sont essentielles pour permettre à l'enfant d'obtenir des perceptions exactes et de plus en plus subtiles.

Nous aborderons donc dans les chapitres suivants la discrimination, la mémoire et l'attention sur les plans visuel et auditif, qui sont des plus importants pour la lecture et l'écriture. La perception par le toucher a été abordée dans le chapitre sur la motricité fine. La perception par le goût et l'odorat ne fera pas l'objet d'une étude spécifique.

CHAPITRE 8

La discrimination visuelle

La discrimination visuelle est la capacité de reconnaître les différences et les ressemblances entre divers éléments. Les exercices proposés permettent à l'enfant d'observer et de déceler les différences et les ressemblances entre les objets sur les plans de la forme, de l'orientation, de la dimension, du mouvement et de la couleur. Ainsi, lorsqu'il aura à distinguer les lettres et les chiffres plus tard, l'enfant aura un entraînement à la perception qui contribuera à une réussite plus rapide.

MATÉRIEL | BOUTONS, CHAUSSURES, VÊTEMENTS, JEU DE CARTES, USTENSILES, VERRES, LIVRES, CURE-DENTS, FORMES GÉOMÉTRIQUES, POTS, JOURNAL, PAILLES, PÂTES ALIMENTAIRES, BOÎTES DE CÉRÉALES, PIÈCES DE MONNAIE*.

---

* Nous vous suggérons de conserver les étiquettes des boîtes de conserve, les dessus de boîtes de céréales, etc. Ils vous seront très utiles pour les jeux proposés.

ENFANT ENTRE DEUX ET QUATRE ANS

Entre deux et quatre ans, l'enfant s'intéresse au contour et au relief des objets. Il peut donc effectuer des exercices de tri et de progression.

EXERCICES

1. En comparant les souliers, les manteaux, les chandails de la famille, l'enfant observe la différence de grandeur entre ses objets et ceux des adultes. Il les place ensuite par ordre de grandeur du plus petit au plus grand.

2. Placez sur la table une assiette, une fourchette, un couteau, un cure-dents, un bouton. Demandez à l'enfant de vous montrer :
   a) un petit objet en bois ;
   b) un objet long, qui a des dents et qui sert à manger ;
   c) un objet rond, dont on se sert pour déposer la nourriture ;
   d) un objet long, qui coupe ;
   e) un objet rond, avec des trous, qui permet d'attacher les vêtements ;
   f) l'objet le plus long ; le plus petit ; le plus gros.

La discrimination visuelle   101

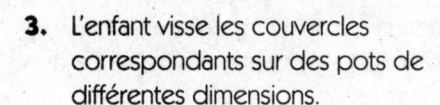

3. L'enfant visse les couvercles correspondants sur des pots de différentes dimensions.

4. Placez successivement dans un bol des petits boutons, des gros boutons, des boutons rouges, des boutons bleus ; puis, demandez à l'enfant de refaire les mêmes gestes.

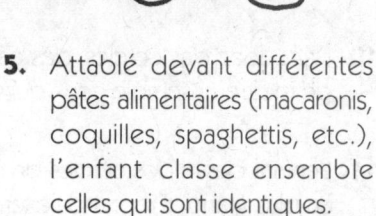

5. Attablé devant différentes pâtes alimentaires (macaronis, coquilles, spaghettis, etc.), l'enfant classe ensemble celles qui sont identiques.

6. L'enfant classe des boutons par couleur, par grosseur, des boutons à deux trous, à quatre trous.

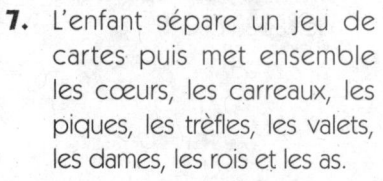

7. L'enfant sépare un jeu de cartes puis met ensemble les cœurs, les carreaux, les piques, les trèfles, les valets, les dames, les rois et les as.

8. Montrez à l'enfant des pièces de monnaie d'un, cinq, dix, vingt-cinq cents, de un et de deux dollars, demandez-lui de classer ensemble celles qui sont pareilles.

9. L'enfant classe ensemble les étiquettes identiques des marques de produits ou des sigles de magasins que vous avez découpées dans des circulaires.

10. Découpez des cercles, des carrés, des triangles et demandez à l'enfant de mettre ensemble ceux qui sont identiques.

11. L'enfant classe des cercles de différentes grandeurs, allant du plus petit au plus grand. Il reprend l'exercice avec des carrés et des triangles.

12. L'enfant dispose des verres par ordre de hauteur, du plus bas au plus haut ou du plus haut au plus bas.

13. L'enfant place des livres de différentes épaisseurs, du plus mince au plus épais ou du plus épais au plus mince.

14. Jouez aux cartes avec l'enfant. Montrez chacun une carte à la fois ; celui qui a la plus forte, c'est-à-dire celui qui a le plus de dessins sur sa carte, gagne. N'utilisez que les cartes de l'as au dix.

ENFANT ENTRE QUATRE ET SIX ANS

Assurez-vous que les exercices précédents sont bien intégrés avant de commencer les suivants. Entre quatre et six ans, l'enfant est capable de compléter ce qui manque, de trouver les jumeaux, de reproduire des modèles, de placer et d'orienter des objets, de trouver les éléments qui varient, etc.

La discrimination visuelle

EXERCICES

1. Dessinez une main de quatre doigts, un chandail avec une seule manche, une tête sans cheveux, un visage sans nez, sans bouche, sans oreilles. L'enfant trouve ce qui manque à chacun des dessins.

2. Tendez une ficelle qui sépare la table en deux ; à gauche de celle-ci, placez une pièce d'un cent et à droite, une pièce de cinq cents, une de dix cents, une de un dollar et une d'un cent. L'enfant doit trouver la pièce pareille à celle de gauche. Reprenez en plaçant à gauche de la ficelle une pièce de cinq cents, une de dix cents, une de un dollar, ou une de vingt-cinq cents. Vous pouvez varier le jeu en utilisant quatre pièces dont trois sont pareilles et une est différente ; l'enfant doit trouver celle qui diffère des autres.

3. Prenez un jeu de cartes et placez à gauche d'une ficelle un deux, à droite un trois, un cinq et un deux. Demandez à l'enfant de trouver la carte pareille à celle de gauche. Reprenez le jeu avec chacune des cartes.

4. Dressez le couvert sur la table. Par exemple, placez l'assiette, la soucoupe, la tasse, l'assiette à dessert, la serviette de table, la fourchette, le couteau, la cuillère à soupe, la cuillère à café. Demandez à l'enfant de faire la même chose. Recommencez en plaçant les éléments différemment ou en changeant un seul élément de place.

5. Dressez la table comme à l'exercice précédent. Lorsque l'enfant l'a reproduit, retirez un élément et invitez-le à trouver ce qui manque.

6. Regroupez trois boutons d'une même couleur et un d'une couleur différente. L'enfant trouve celui qui est différent des autres. Évitez de placer les trois boutons d'une même couleur les uns à côté des autres.

7. Reprenez le jeu précédent mais en plaçant cette fois un bouton d'une certaine couleur à gauche d'une ficelle et trois à droite, dont un semblable à celui de gauche. L'enfant doit trouver le bouton de la même couleur que celui de gauche. Exemple : un bouton rouge, un bleu, un rouge, un blanc, etc.

8. Déposez des cure-dents sur la table ; l'enfant désigne ceux qui sont placés différemment.

Exemples :

a) X   X || X

b) || X || ||

c) //   //   \\   //

d) V   V   V   ∧

La discrimination **visuelle** 105

9. Tracez des flèches sur une feuille. L'enfant trouve celle qui est différente.

Exemples :

a) → → ← →

b) ← ← → ←

c) ↑ ↑ ↓ ↑

d) ↓ ↑ ↓ ↓

10. L'enfant encercle :

a) les formes qui sont identiques à la première ;

b) les formes qui sont différentes de la première ;

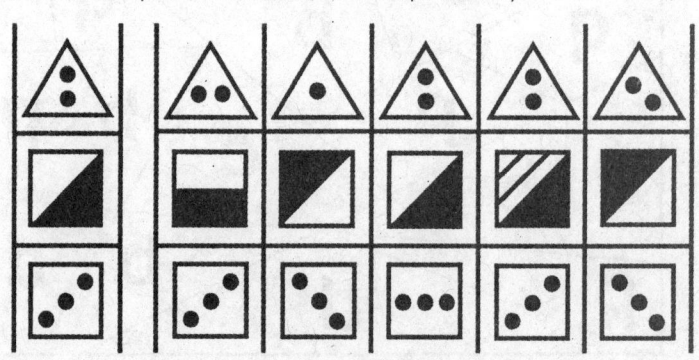

c) les dessins qui sont identiques au premier ;

d) les dessins qui sont différents du premier.

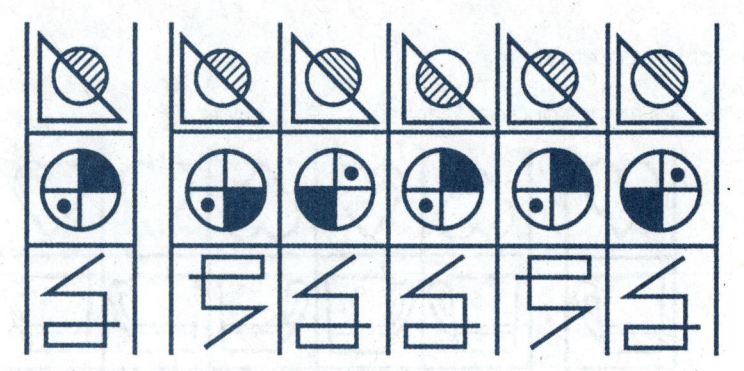

11. L'enfant colorie les espaces où se trouve un « b ».

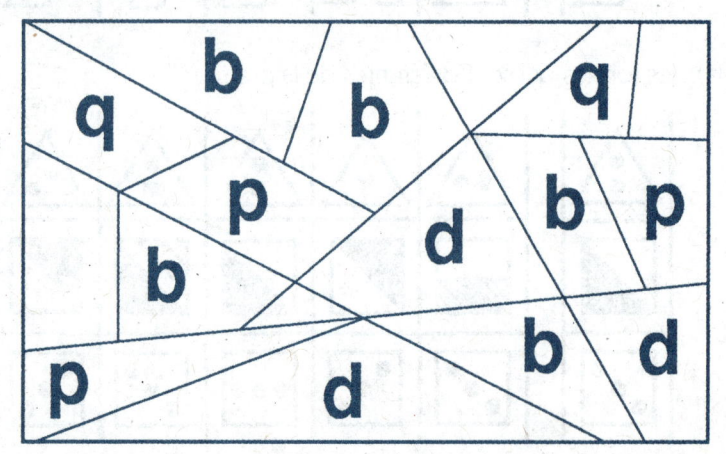

La discrimination visuelle   107

12. L'enfant ajoute ce qui manque aux dessins pour qu'ils soient identiques à l'illustration de gauche.

13. Écrivez le nom de l'enfant en grosses lettres sur un carton et affichez-le sur un mur de sa chambre. Chaque jour, recommencez la même chose avec le nom d'un membre de sa famille ou d'un ami. Mieux encore, demandez à l'enfant le nom de la personne qu'il aimerait apprendre. Faites-lui retrouver et nommer chaque jour les noms affichés.

14. Apprenez à l'enfant à reconnaître certains mots présents dans l'environnement : raisons sociales, marques de commerce, mots inscrits sur les panneaux de signalisation routière, marques de boisson gazeuse, noms de restaurant, de supermarchés, de dentifrice, etc.

15. En observant les lettres (vous pouvez les appeler dessins) sur les boîtes de céréales, les sacs de biscuits, par exemple, l'enfant essaie de trouver celles qui sont pareilles.

16. Montrez une lettre (dessin) dans le journal et demandez à l'enfant de faire des croix sur celles qui sont pareilles.

17. Découpez des lettres sur les boîtes de céréales, de savon ou autres. Placez-en une à gauche d'une ficelle et quatre différemment orientées à droite. L'enfant trouve la lettre semblable à celle de gauche.

Exemples :

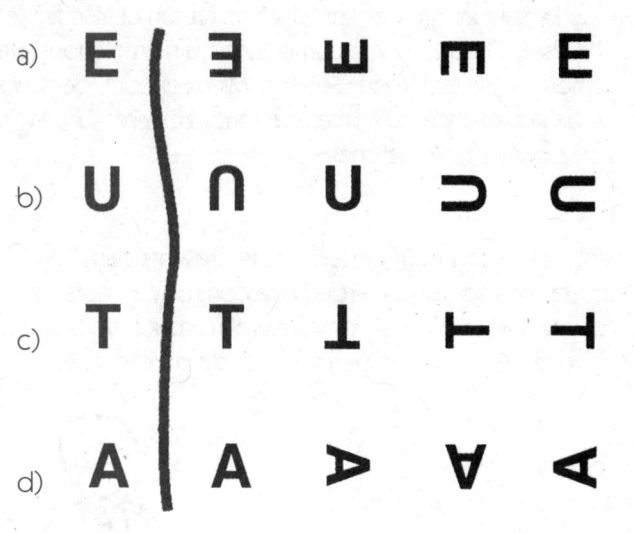

a) E | Ǝ Ǝ E

b) U | ∩ U ⊃

c) T | ⊥ ⊥ ⊢

d) A | A ∀ ∀

La discrimination visuelle

18. L'enfant complète les dessins de droite selon le modèle de gauche.

19. L'enfant complète les dessins en répétant la même chose à droite.

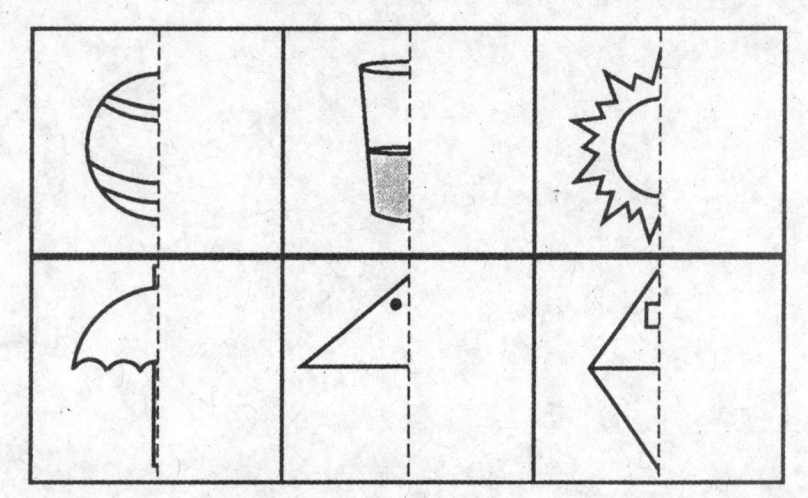

CHAPITRE 9
La mémoire visuelle

La mémoire visuelle est la capacité de se rappeler certaines choses ou formes que l'on a vues. L'enfant doit être entraîné à cette habileté qui lui permettra d'acquérir les automatismes essentiels pour l'apprentissage de la lecture et de l'orthographe. Si l'enfant parvient à se souvenir facilement de la position de certains dessins, par exemple etc., il parviendra aussi facilement à se rappeler la disposition des lettres, l'ordre des mots dans la phrase et à mémoriser certains textes et comptines. Ce qui importe, c'est d'amener l'enfant à devenir conscient des images visuelles qu'il crée et à s'en souvenir.

MATÉRIEL : LIVRE DE CONTES, BALLON, CORDE, CARTES À JOUER, IMAGES, BOUTONS, FORMES GÉOMÉTRIQUES, BOÎTES DE CONSERVE, CURE-DENTS, LETTRES, VÊTEMENTS.

ENFANT DE DEUX ANS OU PLUS

Il est important de faire des exercices qui développent la mémoire de l'enfant dès qu'il a deux ans. Il faut donc profiter de toutes les occasions de la vie quotidienne pour l'amener à renforcer cette faculté. Les exercices qui suivent s'adressent aux enfants de deux ans ou plus. Il se peut toutefois que seuls les enfants de cinq ou six ans puissent réussir les plus difficiles.

EXERCICES

1. Suivez un certain trajet dans la maison ; après vous avoir observé, l'enfant refait le même.

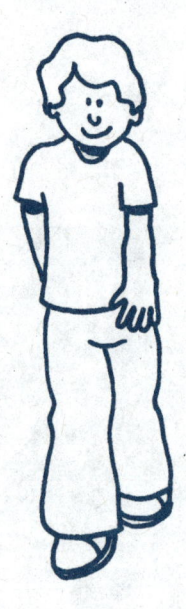

2. Cachez des objets dans la pièce à la vue de l'enfant. Demandez-lui ensuite de les retrouver. Lorsqu'il est plus habile, demandez-lui de les retrouver dans l'ordre ou vous les avez cachés.

3. Faites différents mouvements et demandez à l'enfant de les refaire dans l'ordre.

    Exemples :

    a) Levez les bras, tapez des mains ;
    b) Sautez ; mettez un genou par terre ;
    c) Placez les mains sur la tête, sur les épaules, sur les genoux ;
    d) Mettez-vous à genoux, debout ; tournez ;
    e) Placez les mains sur les genoux ; sautez ; baissez la tête.

La mémoire visuelle   113

4. Nommez trois points fixes dans la pièce (exemple : fenêtre, réfrigérateur, table) et demandez à l'enfant de s'y rendre dans l'ordre où ils ont été nommés.

5. L'enfant regarde son livre de contes et nomme les animaux ou les personnages qu'il y a vus.

6. Montrez un certain nombre de doigts (pas plus de cinq) puis cachez-les. L'enfant montre le même nombre de doigts.

7. Placez le ballon successivement **en haut, en bas, devant, derrière** vous. Demandez à l'enfant de reprendre le même exercice, dans le même ordre.

8. Mettez divers vêtements sur vous (exemple : un chapeau, un gant, un foulard, un chandail, etc.). Retirez un vêtement et demandez à l'enfant de nommer celui qui manque.

9. Montrez à l'enfant deux objets ; cachez-en un et demandez-lui de nommer celui qui a disparu. Reprenez en augmentant toujours le nombre d'objets.

10. Lorsque vous êtes dans la cuisine, par exemple, demandez à l'enfant comment est sa chambre, la couleur de son couvre-lit, l'organisation et les couleurs du salon, les couleurs de la salle de bain, ce qu'il y a sur le mur de… Posez-lui également des questions semblables pour la maison de ses grands-parents, de ses oncles, de ses tantes, etc.

11. Alignez trois objets sur la table. Demandez à l'enfant de se retourner et déplacez-les. L'enfant les remet dans l'ordre où ils étaient.

12. Placez trois cartes différentes dans un certain ordre (exemple : un as, un roi, un cinq). Retirez-les et demandez à l'enfant de les remettre dans le même ordre. Variez le jeu en plaçant des cartes différentes.

13. Découpez trois images dans une revue et disposez-les sur la table. Demandez à l'enfant de bien observer. Après les avoir retirées, demandez-lui de les replacer dans le même ordre. Au fur et à mesure que l'enfant réussit, augmentez le nombre d'images.

La mémoire visuelle   115

14. Montrez cinq images à l'enfant. Lorsqu'il les a bien observées, tournez-les à l'envers et demandez-lui où se trouvent, par exemple, le soleil, le gâteau, etc.

15. Placez sur la table deux, trois ou quatre boutons, selon le cas. Retirez-les, puis invitez l'enfant à les remettre en place.

Exemples :

a)  ● ●   c)  ● ●   e)  ● ●
              ●   ● ●

b)  ● ●   d)    ●
      ●   ●

16. Découpez dans un carton un cercle, un carré, un triangle et disposez-les dans un certain ordre. L'enfant refait la même séquence de mémoire.

Exemples :

a) △ ○ □

b) ○ △ □

c) □ ○ △

17. Composez un dessin avec des formes géométriques. L'enfant l'observe et refait le même dessin de mémoire.

Exemples :

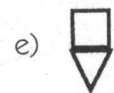

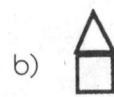

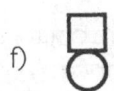

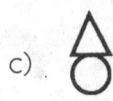

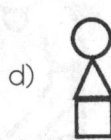

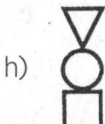

a) b) c) d) e) f) g) h)

18. Montrez deux pages d'un livre de contes à l'enfant et demandez-lui ce qu'il a vu dans la première page, puis dans la deuxième. (La première page est toujours à gauche.)

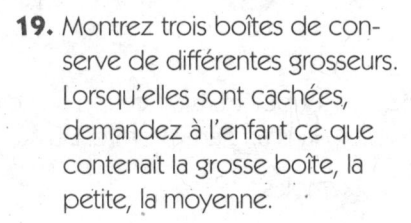

19. Montrez trois boîtes de conserve de différentes grosseurs. Lorsqu'elles sont cachées, demandez à l'enfant ce que contenait la grosse boîte, la petite, la moyenne.

La mémoire visuelle   117

20. Préparez des fiches semblables aux modèles ci-dessous. Montrez la fiche un court instant et, après l'avoir cachée, demandez à l'enfant de nommer les dessins dans l'ordre. Commencez avec trois éléments et augmentez le degré de difficulté.

Exemples :

a) dessins variés

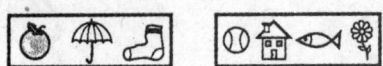

b) couleurs

c) figures géométriques

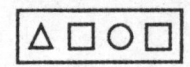

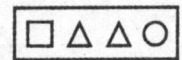

21. Créez un dessin avec des cure-dents et des boutons ; déplacez-les et demandez à l'enfant de refaire le même dessin.

Exemples :

22. Établissez un parcours sur le plancher avec une corde. Laissez l'enfant l'observer, puis retirez la corde. L'enfant doit faire le parcours de mémoire.

Exemples :

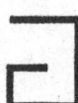

23. Tracez différentes figures sur une feuille. L'enfant observe le modèle puis, de mémoire, refait les figures.

Exemples :

24. Bandez les yeux de l'enfant et guidez-le à travers la maison. L'enfant devine où il est rendu chaque fois que vous arrêtez.

25. Placez deux lettres (dessins) de différentes façons. Après les avoir retirées, demandez à l'enfant de les reproduire.

Exemples :

a) ∩ U   d) U ⊃   g) ⊃ U

b) U ∩   e) ⊂ ⊃   h) ⊥ T

c) T ⊥   f) ⊥ ⊢   i) ⊤ ⊢

CHAPITRE 10
La discrimination auditive

La discrimination auditive est un élément essentiel dans l'acquisition du langage. Certaines difficultés de langage surviennent lorsque l'enfant ne perçoit pas les différences et les ressemblances entre les sons et dans leur succession. La discrimination auditive se fait au niveau des bruits d'abord. Nous devons éveiller l'enfant aux bruits qui lui sont familiers : ceux qui se produisent autour de lui, dans la maison, à l'extérieur, les cris d'animaux, etc. Les exercices porteront sur la hauteur, l'intensité, la durée et la succession des sons.

L'enfant qui sait différencier les sons et les bruits aura plus de facilité à saisir la relation qui existe entre les signes graphiques (lettres) et les signes verbaux (émission du son), ce qui facilitera son apprentissage de la lecture, de l'écriture et du langage, évitant ainsi les confusions de lettres et de mots.

MATÉRIEL MONTRE, PAPIER, CASSEROLE, USTENSILES, CRAYONS, BOUTONS, PAILLES, CURE-DENTS, ILLUSTRATIONS D'ANIMAUX.

ENFANT DE DEUX ANS OU PLUS

Les exercices qui suivent s'adressent aux enfants de deux ans ou plus. Il se peut toutefois que seuls les enfants de cinq ou six ans puissent réussir les plus difficiles.

EXERCICES

1. À votre demande, l'enfant identifie le bruit de la montre, de l'eau qui coule, du moteur de l'auto, de l'avion, du gros camion, de la moto, de la voiture de police, de la porte qui se ferme. Il écoute aussi le bruit qui se produit lorsque l'on frappe sur la table, froisse du papier, tape du pied, des mains, frappe à la porte, etc.

2. Placez des objets près de l'enfant qui est assis par terre, avec les yeux bandés ; asseyez-vous à un mètre de lui et essayez d'aller chercher un objet sans faire de bruit. Si l'enfant vous entend, il essaie d'attraper l'objet.

3. L'enfant imite les cris d'animaux (chat, oiseau, poule, hibou, chien, cochon, vache, canard, cheval, etc.) que vous venez de reproduire.

4. Les yeux bandés, l'enfant identifie les différents sons que vous émettez (frapper dans les mains, fermer une porte, ouvrir un robinet, frapper sur la table, froisser du papier, souffler dans une bouteille à col étroit, etc.). Recommencez ce jeu avec des cris d'animaux.

La discrimination auditive   121

5. Montrez à l'enfant des images représentant différents animaux. Demandez-lui d'imiter leur cri.

6. Bandez les yeux de l'enfant et émettez un son. L'enfant essaie alors de vous rejoindre.

7. Bandez les yeux de l'enfant et émettez des sons en vous plaçant devant ou derrière lui. L'enfant doit deviner de quelle direction provient le son.

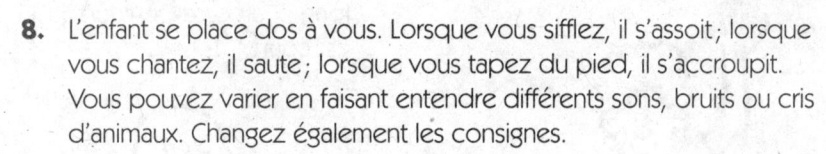

8. L'enfant se place dos à vous. Lorsque vous sifflez, il s'assoit ; lorsque vous chantez, il saute ; lorsque vous tapez du pied, il s'accroupit. Vous pouvez varier en faisant entendre différents sons, bruits ou cris d'animaux. Changez également les consignes.

9. Bandez les yeux de l'enfant, placez-vous à différents endroits dans la pièce et imitez le cri d'un animal ; l'enfant doit deviner si le bruit vient de loin ou de près.

10. Faites écouter à l'enfant des sons **longs** et des sons **courts** : lorsqu'on frappe un couvercle de casserole, le son est **long**, lorsqu'on frappe sur la table, le son est **court**. Bandez-lui les yeux et demandez-lui si le son que vous émettez est **long** ou **court**.

11. Faites écouter à l'enfant des sons **forts** et des sons **doux** ; lorsque l'on frappe sur la table avec un ustensile, le bruit est **fort** ; si l'on frappe avec un crayon, le bruit est **doux**. Bandez-lui les yeux, et demandez-lui si le son que vous émettez est **fort** ou **doux**.

12. Imitez une voix **grave** et une voix **aiguë**. Si le son est **grave**, l'enfant baisse la main ; s'il est **aigu**, il la lève.

13. Produisez des sons **longs** et des sons **courts**. L'enfant place la moitié d'une paille sur la table lorsque le son est **long** et un cure-dent lorsqu'il est **court**.

La discrimination auditive   123

14. Faites des bruits **forts** et des bruits **doux**. L'enfant place un gros bouton sur la table lorsque le bruit est **fort** et un petit bouton lorsqu'il est **doux**.

15. Produisez des bruits **forts** et des bruits **doux**. Lorsque le bruit est **doux**, l'enfant s'accroupit; lorsqu'il est **fort**, il se lève. À l'occasion, émettez deux sons identiques de suite.

16. L'enfant produit des sons **graves** et des sons **aigus** en suivant les modèles ci-dessous. Lorsque la ligne est en bas, il fait un son **grave**, lorsqu'elle est en haut, il fait un son **aigu**.

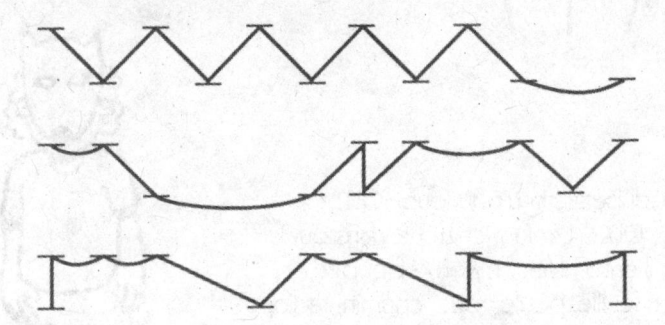

17. Dites deux mots à l'enfant (prononcez lentement) et demandez-lui lequel est le plus long ou le plus court. Vous pouvez lui suggérer des mots d'association.

Exemples :

a) Radio, télévision ;
b) Rue, maison ;
c) Film, caméra ;
d) Imperméable, botte ;
e) Lundi, mercredi ;
f) Pied, cheville ;
g) Clôture, cour ;
h) Tulipe, marguerite ;
i) Orange, bleu ;
j) Laine, nylon.

18. Le chocolat, c'est bon : M… M… M… (l'enfant se frotte le ventre en même temps qu'il émet le son). Demandez à l'enfant dans quels mots il entend le son «M.» : marteau, balle, mouton, mou, robe, moulin, pomme, etc.

19. Imitez le bruit de l'abeille : Z… Z… Z… L'enfant doit découvrir dans quels mots il entend ce bruit : verre, zéro, raisin, plume, magasin, chaise, camion, télévision, zoo, etc.

20. Reproduisez le bruit du loup : OU… OU… OU… L'enfant cherche dans quels mots il entend le son «ou» : poupée, souris, feuille, poule, roue, chemin, radio, trou, coucou, etc.

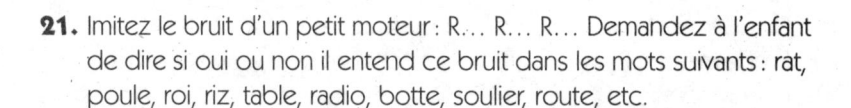

21. Imitez le bruit d'un petit moteur : R… R… R… Demandez à l'enfant de dire si oui ou non il entend ce bruit dans les mots suivants : rat, poule, roi, riz, table, radio, botte, soulier, route, etc.

La discrimination auditive 125

22. Dites un mot à l'enfant et demandez-lui de vous répondre par un mot qui rime avec le vôtre. Exemples : chameau… rideau ; mouton… coton ; etc.

Variante : nommez deux mots et demandez à l'enfant s'ils riment.

23. Dites un mot à l'enfant et demandez-lui de vous répondre par un mot qui commence par le même son. Exemple : canard… camion ; machine… maman ; etc.

Variante : dites deux mots à l'enfant et demandez-lui s'ils commencent par le même son.

24. Annoncez à l'enfant que vous allez lui raconter une histoire et que vous répéterez souvent un mot en particulier. Il doit découvrir le mot caché dans l'histoire.

25. Enregistrez une histoire. L'enfant regarde le livre en écoutant l'enregistrement. Utilisez ce petit truc si vous devez faire garder votre enfant ; avant de se coucher, il pourra entendre une histoire. Le fait que ce soit la voix de l'un de ses parents le sécurisera.

CHAPITRE 11

La mémoire auditive

La mémoire auditive est également très importante puisque l'enfant doit se souvenir des bruits et des sons qu'il a appris à différencier s'il veut les reproduire correctement et au bon endroit lorsqu'il fait l'apprentissage de l'écriture. Toutefois, on ne saurait envisager de lancer l'enfant immédiatement dans cet apprentissage s'il ne peut au préalable se souvenir de simples bruits tels que les cris d'animaux, les sons longs et courts, doux et forts, etc.

MATÉRIEL : ROULEAU DE PAPIER HYGIÉNIQUE, LIVRES DE CONTES, JOURNAL, IMAGES, CURE-DENTS.

ENFANT DE DEUX ANS OU PLUS

Les exercices qui suivent s'adressent aux enfants de deux ans ou plus. Il se peut toutefois que seuls les enfants de cinq ou six ans puissent réussir les plus difficiles.

Dès l'âge de deux ans, il est important de faire des exercices qui développent la mémoire de l'enfant. Il est donc nécessaire de profiter de toutes les occasions de la vie quotidienne pour amener l'enfant à renforcer cette faculté.

EXERCICES

1. Émettez différents sons à travers un rouleau de papier hygiénique. L'enfant reproduit ensuite les mêmes sons.

2. Reproduisez des cris d'animaux (oiseau, souris, mouton, chat, chien, hibou, cochon, etc.) et demandez à l'enfant de les répéter dans l'ordre. Commencez par deux bruits d'animaux et ajoutez-en un lorsque l'enfant a réussi.

3. Chantez avec l'enfant *Bonhomme, bonhomme, sais-tu jouer?* Profitez de l'occasion pour enregistrer l'enfant. Faites le premier enregistrement en chantant avec lui. L'enfant reprend seul par la suite.

4. Jouez au perroquet. Nommez une courte série de fleurs. L'enfant répète ensuite les noms dans l'ordre. Reprenez le jeu en inversant l'ordre.

Exemples:

a) Rose, tulipe;
b) Tulipe, marguerite;

La mémoire auditive 129

   c) Lis, rose;
   d) Lilas, œillet;
   e) Rose, lis, tulipe;
   f) Œillet, tulipe, marguerite;
   g) Lilas, rose, tulipe;
   h) Tulipe, lis, mimosa.

5. Refaites le jeu du perroquet avec des noms d'animaux.

   Exemples:

   a) Chien, chat;
   b) Cheval, mouton;
   c) Canard, poule;
   d) Coq, tortue;
   e) Vache, cochon, chien;
   f) Éléphant, ours, lapin;
   g) Chat, poule, coq;
   h) Girafe, lion, tigre.

6. Reprenez le jeu du perroquet avec des noms de fruits.

   Exemples:

   a) Pomme, orange;
   b) Prune, pêche;
   c) Poire, raisin;
   d) Banane, fraise;
   e) Framboise, bleuet, pêche;
   f) Prune, pomme, orange;
   g) Citron, pomme, banane;
   h) Poire, orange, pamplemousse.

7. Choisissez deux mots dans un livre de contes et demandez à l'enfant de les répéter dans l'ordre. Ajoutez-en un à mesure qu'il réussit.

8. L'enfant répète une courte phrase que vous venez de lire à haute voix dans le journal.

9. Racontez une histoire à l'enfant et posez-lui ensuite des questions s'y rapportant.

10. L'enfant répète les différents sons que vous émettez : un fort, un moyen, un doux.

Exemples :
a) A (fort), A (moyen), A (doux) ;
b) OU (doux), OU (moyen), OU (fort) ;
c) I (moyen), I (fort), I (doux).

11. Prononcez des mots qui se ressemblent et demandez à l'enfant de les répéter.

Exemples :
a) Pain, bain ;   b) Ton, don ;
c) Train, grain ;   d) Tout, doux ;
e) Pont, bon ;   f) Font, vont ;
g) Fin, vin ;   h) Pois, bois.

12. L'enfant exécute dans l'ordre les mouvements que vous lui demandez de faire. Débutez avec deux, par exemple, « Va chercher le peigne et reviens t'asseoir ».

13. Faites des actions différentes et demandez à l'enfant de les refaire dans l'ordre ; par exemple, criez « ou-ou », frappez sur la table, tapez des mains.

La mémoire auditive

14. Tapez des mains et invitez l'enfant à placer autant de cure-dents sur la table qu'il a entendu de coups frappés. Commencez avec deux coups et ajoutez-en un à mesure que l'enfant réussit l'exercice.

15. Frappez sur la table avec la main. À chaque coup, l'enfant fait un trait vertical sur une feuille. Il est important de suivre un rythme lorsque vous frappez.

Exemples :

a) II   b) III   c) IIII   d) IIIII   e) IIII II

f) III III   g) II I   h) I III   i) II II III I II

j) I II III   k) III II   l) IIII II II

16. L'enfant répète après vous une série de chiffres.

Exemples :

a) 3-5-8-2   b) 9-4-7-5   c) 9-2-3-8
d) 8-5-4-7   e) 6-1-8-3-4   f) 5-8-3-2-1
g) 4-2-8-7-6   h) 3-9-6-7-1   i) 3-0-5-1-0-5
j) 4-7-0-2-8-6   k) 1-5-3-9-7-6   l) 7-0-4-6-1-9

17. Commencez une phrase et, à tour de rôle, ajoutez un mot. Vous devez toujours répéter la phrase à partir du début.

Exemple :

Vous : Le chat est doux.

Enfant : Le chat est doux, petit.

Vous : Le chat est doux, petit, blanc.

Enfant : Le chat est doux, petit, blanc, mignon.

CHAPITRE 12
L'attention

Afin d'amener l'enfant à faire des apprentissages, il est indispensable de le rendre apte et disponible à recevoir l'information. Pour cela, on doit lui permettre d'acquérir une attitude d'attention : présent à lui-même, il le sera également à ce qu'il fait. L'attention suppose qu'on rend l'esprit disponible pour apprendre ou pour accomplir une tâche en se concentrant sur une chose en particulier et en éliminant toute autre pensée ou activité.

Les exercices proposés dans ce chapitre apprendront à l'enfant à se concentrer et à développer son écoute. Ainsi, lorsque son attention sera soutenue, il sera en mesure d'entreprendre l'apprentissage des matières scolaires.

L'enfant distrait, c'est-à-dire l'enfant qui ne peut fixer son attention et se concentrer, est incapable de suivre la leçon de l'enseignante ou de l'enseignant, car il a la tête ailleurs, il rêve à autre chose. Bien souvent, s'ajoute à cette inattention une instabilité motrice.

MATÉRIEL : CRAYON, USTENSILES, LIVRES DE CONTES, BOUTONS, CURE-DENTS, CARTONS DE COULEUR, FIGURES GÉOMÉTRIQUES, FEUILLES QUADRILLÉES.

ENFANT DE DEUX OU PLUS

Les exercices qui suivent s'adressent aux enfants de deux ans ou plus. Il se peut toutefois que seuls les enfants de cinq ou six ans puissent réussir les plus difficiles.

EXERCICES

1. Dans le calme, l'enfant se couche la tête sur la table et écoute les bruits à l'intérieur et à l'extérieur de la maison. Il dit ensuite ce qu'il a entendu.

2. L'enfant marche dans la pièce sans faire de bruit.

3. Suggérez diverses situations à l'enfant et mentionnez-lui que lorsque vous direz «dors», il devra s'immobiliser et, inversement, lorsque vous direz «bouge», il devra continuer l'activité.

   Exemples d'activités :
   a) Ramper comme un vers ;
   b) Marcher comme un canard ;
   c) Danser comme une ballerine ;
   d) Sauter comme un kangourou.

4. L'enfant marche librement dans la pièce pendant que vous tapez des mains. Il s'immobilise dès que vous cessez de frapper. Reprenez l'exercice, mais cette fois l'enfant marche sur une ligne droite sans mettre le pied à côté, puis revient à reculons.

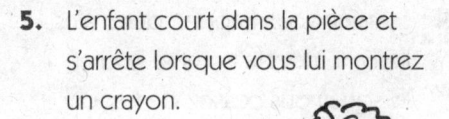

5. L'enfant court dans la pièce et s'arrête lorsque vous lui montrez un crayon.

6. Parlez à l'enfant en chuchotant et demandez-lui de répéter ce qu'il a entendu.

7. Asseyez-vous face à l'enfant et faites des signes avec les mains. L'enfant regarde et reproduit la même chose.

   Exemples :
   a) Fermer et ouvrir les mains ;
   b) Écarter les doigts ;
   c) Saluer ;
   d) Fermer et ouvrir les pouces ;
   e) Pianoter sur ses genoux ;
   f) Faire des pichenettes.

8. Lorsque vous frappez des mains, l'enfant marche comme le chat; lorsque vous cessez de frapper, il saute comme le lapin.

9. L'enfant cherche dans ses livres de contes des animaux à deux pattes, à quatre pattes, des fleurs et des fruits.

10. À la suite de vos instructions, l'enfant prend certaines positions qu'il exécute dans l'ordre :

Exemples :
a) Couché sur le ventre, à genoux, couché sur le dos;
b) Assis, couché sur le dos, derrière la chaise;
c) Dos au mur, à genoux, face au mur.

11. Lorsque vous montrez une cuillère, l'enfant marche comme la girafe qui a un long cou; lorsque vous montrez une fourchette, il s'assoit sur la chaise; lorsque vous montrez un couteau, il rampe sur le ventre comme le serpent.

12. Lorsque vous levez le bras, l'enfant marche; lorsque vous frappez des mains, il saute sur le bout des pieds; lorsque vous croisez les bras, il marche à reculons.

L'attention

13. Préparez un carton rouge, un bleu et un vert. Lorsque vous montrez le carton rouge, l'enfant avance sur les genoux; lorsque vous montrez le carton bleu, il saute sur un pied; lorsque vous montrez le carton vert, il marche à quatre pattes.

14. Préparez des cartons de différentes couleurs. Montrez-en trois un moment et, après les avoir retirés, demandez à l'enfant de les nommer dans l'ordre. Continuez l'activité en ajoutant progressivement de nouveaux cartons.

15. Demandez à l'enfant d'aligner sur la table une série de boutons de gauche à droite.

Exemples :

a) Un bleu, un rouge;
b) Un noir, un jaune;
c) Un rouge, deux bleus;
d) Un blanc, un noir;
e) Deux rouges, un jaune;
f) Deux noirs, deux bleus.

16. Lorsque vous montrez la main fermée, l'enfant place un bouton sur la table; lorsque vous montrez la main ouverte, il place un cure-dents; lorsque vous montrez deux doigts, il place un crayon.

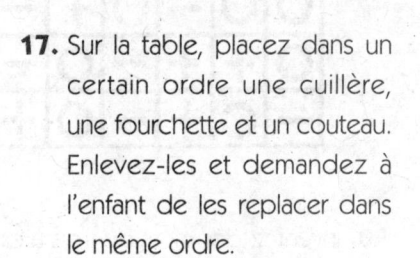

17. Sur la table, placez dans un certain ordre une cuillère, une fourchette et un couteau. Enlevez-les et demandez à l'enfant de les replacer dans le même ordre.

18. Disposez différents objets sur la table. L'enfant les regarde un instant puis se retourne. Changez un objet de place et demandez à l'enfant de trouver ce qui est déplacé. Reprenez le jeu en déplaçant plus d'objets et en en ajoutant à mesure que l'enfant réussit.

19. L'enfant reproduit sur une feuille quadrillée les signes qui correspondent aux bruits émis. Préparez vos dictées de signes à l'avance en vous inspirant des modèles ci-dessous. Il est important de toujours frapper au même rythme. Commencez par une période de cinq minutes et allongez jusqu'à une durée totale de quinze minutes.

Exemples :

O   frappez sur une casserole ;

—   frappez sur la table ;

+   frappez dans vos mains.

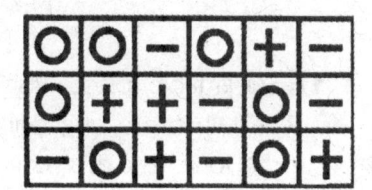

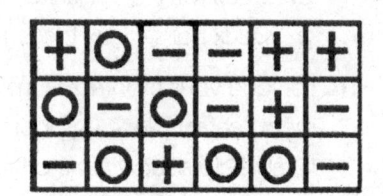

O	O	—	O	+	—
O	+	+	—	O	—
—	O	+	—	O	+

+	O	—	—	+	+
O	—	O	—	+	—
—	O	+	O	O	—

20. Inventez des mots de trois à cinq syllabes et demandez à l'enfant de les répéter.

Exemples :

a) Radébli ; b) Contrafil ;

c) Argibol ; d) Tricopar ;

e) Optrumed ; f) Bloutavert ;

g) Carisotel ; h) Pulonifer.

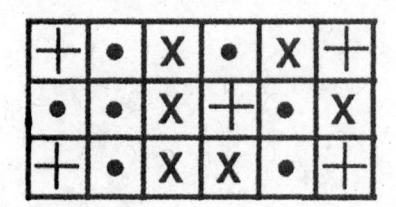

21. Lisez un texte à l'enfant et demandez-lui de frapper dans ses mains chaque fois qu'il entend un nom d'animal, de personne, de fleur, etc. (On peut inventer le texte au fur et à mesure.)

Exemple :

Hier, j'ai vu un chien qui poursuivait le chat de mon voisin. Ce vilain chaton a mangé trois poissons et un oiseau bleu. Le chien est plus rapide que l'agneau mais plus petit que le cheval. J'ai vu la jument avec le cheval. Ils galopaient dans le champ avec leur ami le lièvre. Le lièvre court plus vite que la tortue, mais il est étourdi.

22. Sur une feuille quadrillée, l'enfant fait un + dans une case lorsque vous montrez un carré, un X lorsque vous lui montrez un triangle et un • (point) lorsque vous montrez un cercle. Exhibez les figures géométriques en suivant toujours le même rythme. Préparez vos feuilles de dictées à l'avance.

Code :   □ = +
         △ = X
         ○ = •

+	•	X	•	X	+
•	•	X	+	•	X
+	•	X	X	•	+

•	+	•	X	X	•
+	•	X	•	•	+
X	•	X	+	•	X

23. Donnez une feuille quadrillée à l'enfant. Dites-lui que chaque carré représente un pas et qu'il devra tracer la route que vous lui indiquerez. Exemple : faites-lui d'abord un point pour lui indiquer le départ et demandez-lui de faire un pas à droite, deux pas en bas, un autre à gauche, etc.

Exemples :

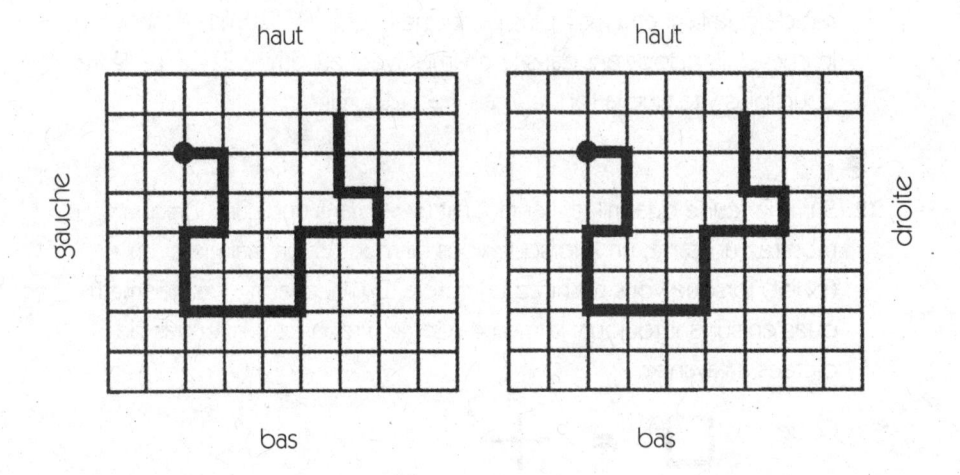

24. Dessinez une maison, par exemple, et reproduisez-la à côté en omettant des détails. (Vous pouvez également conserver les jeux des erreurs que l'on trouve dans les journaux.) Demandez à l'enfant d'encercler les endroits où il y a des erreurs.

CHAPITRE 13
Le raisonnement et la préparation aux mathématiques

Combien d'enfants répondent à tort et à travers lorsqu'on les questionne, justement parce qu'on ne les a pas habitués à raisonner! On doit quotidiennement fournir à l'enfant l'occasion de penser et de réfléchir, ce qui le rendra plus apte à juger et à résoudre des problèmes. Chaque fois que l'occasion se présente, expliquez-lui le fonctionnement et l'utilité des objets qui l'entourent, le rapport et le lien qui existent entre eux. Amenez-le à se poser des questions, à trouver des solutions, à expliquer comment il a fait telle ou telle chose. L'enfant qui a appris à raisonner a beaucoup plus de facilité à comprendre et à résoudre les problèmes qui s'offrent à lui, ce qui favorise son développement intellectuel.

Avant d'aborder l'apprentissage des mathématiques, il serait nécessaire que l'enfant connaisse certaines notions préparatoires qui lui faciliteront l'accès à cet univers.

Ainsi, l'enfant devra :
- distinguer les couleurs primaires ;
- connaître les notions spatiales suivantes : sur, sous, dessus, dessous, haut, bas, près, loin, entre, à côté, de chaque côté, milieu, intérieur, extérieur, derrière, devant ;
- savoir les différences entre long et court, plein et vide, épais et mince, plus et moins, ajouter et enlever ;

- reconnaître les formes géométriques suivantes : le cercle, le carré, le rectangle et le triangle ;
- apprendre les équivalences telles que : peu, beaucoup, autant, égal, même longueur, épaisseur, en entier, en partie ;
- apprendre à former des ensembles en regroupant, en encerclant, en formant des groupes selon la quantité, la grandeur, la longueur, l'épaisseur, la largeur ou selon d'autres propriétés ;
- reconnaître les chiffres de un à dix.

MATÉRIEL FORMES GÉOMÉTRIQUES EN PAPIER, BOUTONS, CRAYONS DE CIRE, REVUES, CATALOGUES, LIVRE DE CONTES, TISSUS, PÂTE À MODELER, LAINE.

ENFANT DE DEUX ANS OU PLUS

Les exercices qui suivent s'adressent aux enfants de deux ans ou plus. Il se peut toutefois que seuls les enfants de cinq ou six ans puissent réussir les plus difficiles.

EXERCICES

1. L'enfant vous aide à faire le tri des boutons. Placez un bouton rouge d'un côté en mentionnant le nom de la couleur et demandez à l'enfant de sortir tous les rouges. Déposez un bouton bleu et demandez-lui de sortir tous les bleus. Continuez avec les jaunes, les blancs, les verts, les orangés, etc. Demandez ensuite à l'enfant de montrer les boutons rouges, les bleus, les jaunes, et ainsi de suite.

2. L'enfant doit trouver dans la maison des objets rouges, des bleus, des jaunes, des verts. S'il ne se souvient pas de la couleur, montrez-lui un bouton rouge et demandez-lui de trouver tout ce qui est rouge comme le bouton.

3. L'enfant dessine et colorie des boutons rouges, des bleus, des jaunes, etc.

4. L'enfant découpe dans des revues des objets rouges, bleus, jaunes, verts et orangés. Il les colle dans son cahier en changeant de page pour chacune des couleurs.

5. L'enfant découpe dans des revues :

    a) des animaux ;
    b) des aliments ;
    c) des vêtements ;
    d) des meubles ;
    e) tout ce qui peut rouler (bicyclettes, poussettes, automobiles, etc.).

Il colle chacun de ces éléments dans son cahier et les nomme un à un.

6. L'enfant énumère d'abord des objets et des aliments chauds, puis des objets et des aliments froids.

7. L'enfant apprend le nom exact des appareils électriques et leur utilité.

8. L'enfant nomme tout ce que l'on trouve dans une salle de bain, dans une cuisine, un salon, etc. Aidez-le au besoin *en employant les termes justes.*

9. Prenez des retailles de tissu et demandez à l'enfant de trouver celles qui sont en laine, en coton, en soie, etc. Il colle ensuite ces pièces dans son cahier.

Le raisonnement et la préparation aux mathématiques

10. Apprenez à l'enfant le nom des animaux et de leurs petits.

Exemples :

a) Chat/chaton ;
b) Chien/chiot ;
c) Souris/souriceau ;
d) Ours/ourson ;
e) Girafe/girafeau ;
f) Lion/lionceau ;
g) Cheval/poulain ;
h) Lapin/lapereau ;
i) Vache/veau ;
j) Canard/caneton ;
k) Éléphant/éléphanteau ;
l) Poule/poussin.

11. L'enfant cherche des moyens de transport dans des revues. Demandez-lui ce qui va le plus vite, le plus lentement.

12. Apprenez à l'enfant les aliments que nous fournissent les animaux : la poule nous donne les œufs, le porc nous donne le jambon, la saucisse, la vache fournit le lait, etc.

13. Enseignez à l'enfant le nom des « maisons » des animaux : le chien habite la niche, l'oiseau habite le nid, la vache habite l'étable, le lapin habite le clapier, le cheval habite l'écurie, etc.

14. Demandez à l'enfant de nommer des aliments salés et des aliments sucrés.

15. L'enfant énumère les animaux domestiques, ceux qui vivent à la ferme, dans la jungle, etc.

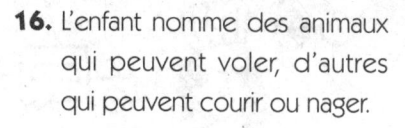

16. L'enfant nomme des animaux qui peuvent voler, d'autres qui peuvent courir ou nager.

Le raisonnement et la préparation aux mathématiques   147

17. Dans un livre d'histoires, montrez deux animaux à l'enfant. Il trouve celui qui court le plus vite, puis celui qui est le plus gros en réalité.

18. Demandez à l'enfant de nommer des animaux plus petits que le chien, plus gros que le chien, plus petits que la souris, plus gros que l'âne, etc.

19. Lorsque vous dites le mot « air », l'enfant nomme quelque chose qui vole ; lorsque vous dites le mot « terre », il répond par un animal qui marche ; lorsque vous prononcez le mot « mer », il nomme un élément qui se rapporte à la mer.

20. Découpez les dessins représentant les cinq sens et demandez à l'enfant de montrer le sens approprié à la phrase que vous lui dites.

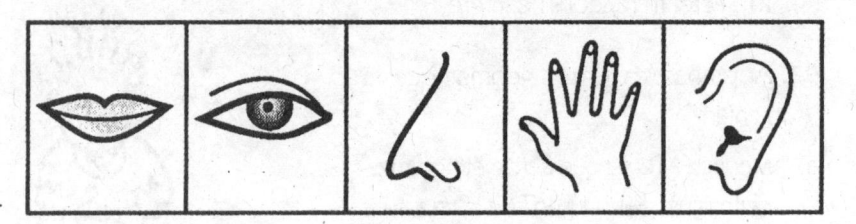

Exemples :
- a) Je mange une bonne pomme (le goût) ;
- b) La cloche sonne (l'ouïe) ;
- c) Mon pantalon est bleu (la vue) ;
- d) Le poil du chat est doux (le toucher) ;
- e) Je sens l'odeur de la soupe (l'odorat) ;
- f) J'aime écouter la radio (l'ouïe) ;
- g) Le chocolat est sucré (le goût) ;
- h) Le chien passe devant la maison (la vue) ;
- i) L'écorce de l'arbre est rugueuse (le toucher) ;
- j) Je me demande quel parfum se dégage dans la pièce (l'odorat).

21. Disposez sur la table (sans les mettre ensemble) trois ustensiles différents, trois vêtements, trois jouets et invitez l'enfant à les regrouper par association, c'est-à-dire à regrouper ceux qui vont ensemble, par exemple le verre avec la casserole et l'assiette, etc. Demandez-lui d'expliquer sa réponse.

22. Donnez une liste de mots à l'enfant et invitez-le à trouver l'intrus. Demandez-lui également d'expliquer sa réponse.

Exemples :

    a)   Poire, pomme, ballon, banane ;
    b)   Carotte, table, brocoli, chou ;
    c)   Livre, marteau, tournevis, pince ;
    d)   Réfrigérateur, aspirateur, lave-vaisselle, voiture ;
    e)   Niche, poulailler, chien, écurie ;
    f)   Pied, robe, pantalon, bas ;
    g)   Reine, bébé, princesse, roi ;
    h)   Père, frère, cousine, mère.

23. Apprenez les formes géométriques à l'enfant :

a)   Montrez à l'enfant un cercle et nommez cette figure. Faites-lui en faire le tour avec son doigt pour qu'il apprenne que cette forme est ronde et qu'elle peut rouler ;

b)   Montrez-lui le carré, nommez-le, faites-lui en faire le tour avec son doigt, expliquez-lui qu'il a quatre côtés égaux ;

c)   Montrez le triangle, nommez-le, faites-lui en faire le tour avec son doigt, et portez son attention sur le fait qu'il a trois côtés ;

d) Montrez le rectangle, nommez-le, faites-lui en faire le tour avec son doigt, montrez qu'il a deux grands côtés égaux et deux petits côtés égaux qui se font face ;

e) L'enfant reproduit les figures géométriques avec de la pâte à modeler, de la pâte à sel, des bouts de laine, de la corde, etc.

24. Placez sur la table les figures géométriques et invitez l'enfant à trouver :

    a) le cercle ;
    b) le carré ;
    c) le triangle ;
    d) le rectangle.

25. Demandez à l'enfant de trouver dans la maison des objets qui ont la forme :

    a) d'un cercle ;
    b) d'un carré ;
    c) d'un triangle ;
    d) d'un rectangle.

26. Placez des boutons sur la table et encerclez-en quelques-uns avec une ficelle. Demandez à l'enfant de trouver ceux qui sont à l'**intérieur** du lac et ceux qui sont à l'**extérieur**. Variez l'exercice avec différents objets et formes géométriques. Il serait bon de reprendre ces exercices par la suite en les reproduisant sur des feuilles. Par exemple, l'enfant dessine ou marque d'un « X » les objets et les animaux qui se trouvent à l'intérieur ou à l'extérieur d'un champ.

27. Placez des boutons sur la table et demandez à l'enfant de vous donner **un** ou **plusieurs** boutons afin de l'amener à connaître la différence entre ces deux termes.

28. Placez deux ou trois boutons dans une soucoupe et demandez à l'enfant d'en déposer **autant** dans une autre. Reprenez l'exercice en dessinant les objets sur une feuille. Par exemple, l'enfant trace **autant** de gouttes de pluie que vous avez dessinées, **autant** de pétales à la fleur, etc.

29. Disposez quatre boutons sur la table et demandez à l'enfant d'en placer **plus, moins, autant**. Reprenez en utilisant de un à cinq boutons. Refaites l'exercice sur des feuilles : l'enfant dessine **plus, moins** ou **autant** de cerises que dans l'exemple.

30. Placez un nombre pair de boutons sur la table (pas plus de dix) et demandez à l'enfant de les placer en deux groupes **égaux.**

31. À l'aide de boutons ou de divers objets, amenez l'enfant à connaître la valeur des nombres de un à cinq. Placez par exemple deux boutons dans une soucoupe et demandez à l'enfant d'en mettre deux dans chacune des autres soucoupes. Reprenez avec des quantités de un à cinq. Variez les exercices en dessinant des objets sur une feuille et demandez à l'enfant d'en dessiner **autant**. (« Par exemple, dessine deux pommes dans chaque sac, trois cercles sur chaque coccinelle. »)

32. Faites différents groupements de boutons sur la table et invitez l'enfant à trouver les groupes de deux boutons, trois boutons, etc. Reprenez l'exercice sur des feuilles. Par exemple, dessinez des dés et demandez à l'enfant d'encercler ceux qui ont trois points.

33. Faites différents groupements de boutons sur la table de manière à ce qu'il y en ait de un à cinq par groupe. Demandez à l'enfant d'ajouter ou d'enlever des boutons pour qu'il y ait le même nombre dans chaque ensemble. Puis, reprenez l'exercice sur des feuilles : l'enfant dessine les éléments qui manquent ou biffe ceux qu'il y a en trop pour en avoir le même nombre dans chaque groupe.

Le raisonnement et la préparation aux mathématiques   151

34. L'enfant confectionne des groupes de deux, trois, quatre ou cinq boutons. Puis il dessine sur des feuilles divers éléments qu'il regroupe par deux, trois, quatre ou cinq en les encerclant.

35. Apprenez à l'enfant à compter jusqu'à dix.

36. Enseignez à l'enfant son nom, son âge, son numéro de téléphone, son adresse, son code postal, sa ville.

37. L'enfant trie des boutons déposés sur la table et regroupe ceux qui sont semblables selon ses propres critères de classement (couleur, grandeur, boutons à deux trous, à quatre trous, etc.). Demandez-lui pourquoi il a regroupé les boutons de telle ou telle façon et s'il peut les classer différemment.

38. Donnez à l'enfant deux boutons bleus et un bouton rouge. Invitez-le à trouver toutes les façons possibles de les aligner. Demandez-lui chaque fois lequel est en premier, en deuxième, en dernier.

Solution : B-B-R R-B-B B-R-B

39. Reprenez l'exercice précédent avec quatre boutons. Ce peut être, par exemple, deux boutons rouges et deux jaunes, ou un bouton jaune et trois bleus.

40. Donnez quatre boutons de même couleur à l'enfant et dites-lui de les séparer en deux groupes. Faites-lui trouver toutes les façons différentes de constituer deux groupements.

Solution :

⊕ - ⊕ ⊕ ⊕   ⊕ ⊕ - ⊕ ⊕   ⊕ ⊕ ⊕ - ⊕

Reprenez l'exercice avec cinq boutons.

Solution :

⊕ - ⊕ ⊕ ⊕ ⊕   ⊕ ⊕ - ⊕ ⊕ ⊕

⊕ ⊕ ⊕ - ⊕ ⊕   ⊕ ⊕ ⊕ ⊕ - ⊕

41. L'enfant recommence les deux exercices précédents avec le même nombre de boutons mais de deux couleurs différentes.

42. Découpez des images représentant des personnes ou des vêtements dans les catalogues et regroupez-les de façon qu'il y ait une propriété commune entre elles. Par exemple : ce sont toutes des filles ; chacune porte un vêtement rouge ; elles ont toutes des souliers bruns ; les chemises ont toutes des manches courtes, etc. Demandez à l'enfant de trouver ce qu'elles ont de pareil.

43. Posez à l'enfant différents problèmes, tels ceux ci-dessous, pour l'amener à réfléchir et à raisonner.
  a) Combien as-tu de doigts dans chaque main ?
  b) Il y a deux poules dans le poulailler ; combien vois-tu de pattes ?
  c) Il y a deux chiens dans la cour ; combien vois-tu de pattes ?
  d) Tu vois un tricycle et une bicyclette dans la rue ; combien y a-t-il de roues ?
  e) Il y a une chaise et une table dans la cuisine ; combien y a-t-il de pieds ?
  f) Combien y a-t-il de mitaines dans la paire que tu enfiles ?
  g) Tu as une paire de bas et une paire de gants ; combien as-tu de vêtements ?
  h) Tu as trois paires de boucles d'oreilles ; combien as-tu de boucles d'oreilles ?
  i) Si je coupe ma pomme en moitiés, combien aurai-je de morceaux de pomme ?
  j) Si je coupe deux oranges en moitiés, combien aurai-je de morceaux d'orange ?

44. Apprenez à l'enfant à reconnaître les pièces de monnaie.

45. Familiarisez l'enfant avec les mesures métriques suivantes.
  a) La largeur de ton ongle mesure un centimètre.
    - Nomme-moi des animaux ou des objets qui mesurent un centimètre.
    - Parmi les objets que je nomme, choisis ceux qui mesurent un centimètre.
    - Trouve dans le catalogue des objets qui mesurent en réalité un centimètre et colle-les dans ton cahier ou sur une feuille.

b) La largeur de ta main mesure un décimètre.
- Nomme-moi des animaux ou des objets qui mesurent un décimètre.
- Parmi les objets que je nomme, choisis ceux qui mesurent un décimètre.
- Trouve dans le catalogue des objets qui mesurent en réalité un décimètre et colle-les dans ton cahier ou sur une feuille.

c) Étends tes bras. La distance qu'il y a entre tes deux mains mesure un mètre.
- Nomme-moi des animaux ou des objets qui mesurent un mètre.
- Parmi les objets que je nomme, choisis ceux qui mesurent un mètre.
- Trouve dans le catalogue des objets qui mesurent en réalité un mètre et colle-les dans ton cahier ou sur une feuille.

46. Apprenez à l'enfant à reconnaître les chiffres de un à dix. Écrivez-les en gros caractères et demandez-lui de :
a) passer sur les chiffres avec un doigt de sa main dominante ;
b) faire des serpents avec de la pâte à modeler et les placer sur les chiffres ;
c) reproduire les chiffres en dessous du modèle avec de la pâte à modeler ;
d) passer par-dessus les chiffres avec un crayon ;
e) écrire les chiffres sur une feuille en regardant le modèle ;
f) reproduire les chiffres sans regarder le modèle.

Après les exercices, affichez les chiffres en permanence sur le mur de sa chambre.

47. Donnez à l'enfant la responsabilité de classer le papier, le plastique et le verre pour le recyclage et la collecte sélective.

154 Préparez votre enfant à l'école

48. Préparez des exercices semblables à ceux-ci et demandez à l'enfant de relier ce qui va ensemble.

49. Préparez des exercices semblables à l'exemple qui suit :

a) Dessine une pomme avant le gros cercle ;
b) Dessine un soleil avant le petit carré ;
c) Dessine des gouttes de pluie après le petit triangle ;
d) Dessine une banane après le gros triangle ;
e) Dessine une fleur après le petit cercle ;
f) Dessine un sapin avant le gros carré.

50. Préparez des tableaux à doubles entrées, semblables à ceux-ci. L'enfant découpe les éléments du deuxième tableau en suivant le pointillé, et colle le dessin dans la bonne rangée en vérifiant s'il correspond aussi à la bonne colonne*.

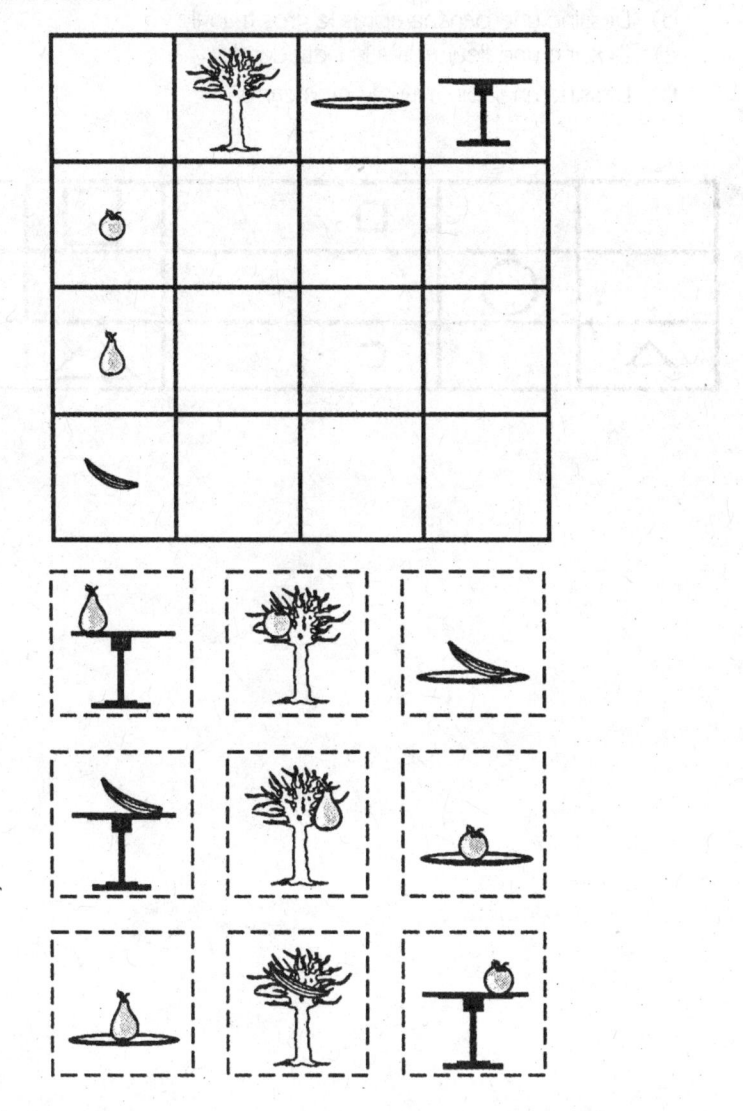

---

* Afin d'amener l'enfant à comprendre plus facilement les tableaux à doubles entrées, reproduisez-les sur de grands cartons avec des objets. À l'aide de deux règles qui se rejoignent, l'enfant peut trouver les deux figures qui vont dans la case.

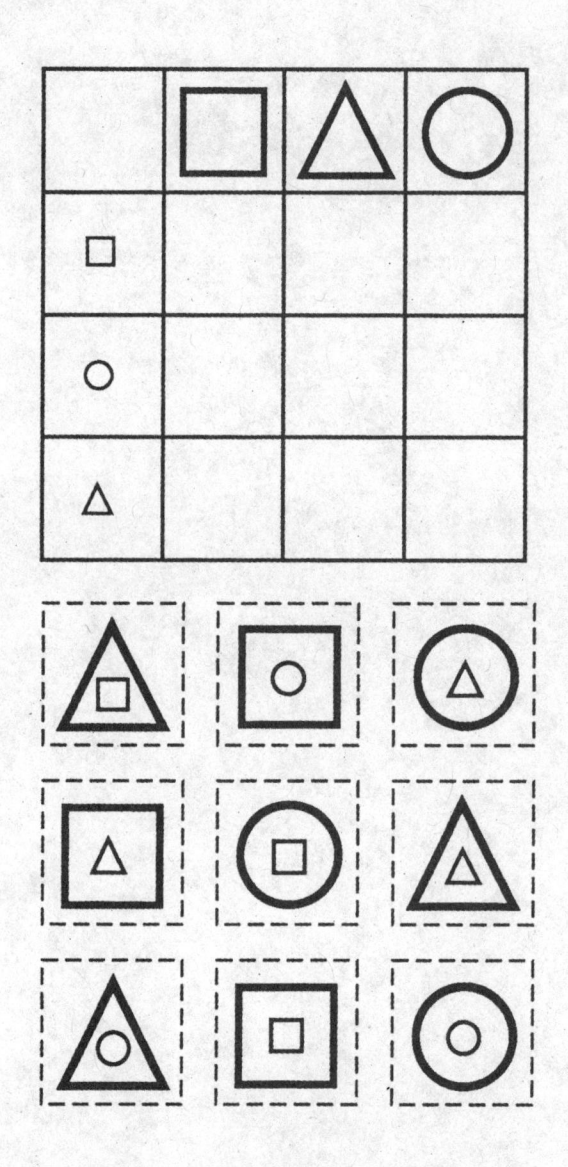

Le raisonnement et la préparation aux mathématiques

CHAPITRE 14
L'expression orale

Le langage étant le moyen d'exprimer et de communiquer aux autres ce que l'on pense et ce que l'on ressent, il s'avère donc important d'en favoriser très tôt chez l'enfant le développement harmonieux. C'est d'ailleurs entre deux et trois ans que l'enfant acquiert le plus grand nombre de mots et que s'accomplissent les progrès les plus spectaculaires, un véritable épanouissement du langage.

N'hésitez donc pas à verbaliser beaucoup pour que l'enfant soit imprégné du langage de son entourage. Saisissez toutes les situations naturelles de communication et présentez des situations qui découlent d'un besoin réel et bien senti d'entrer en communication avec les autres pour permettre à l'enfant de s'exprimer.

L'observation directe étant le meilleur moyen d'enrichir le vocabulaire de l'enfant, il serait donc souhaitable de lui procurer des lotos simples à base d'images, des livres, des revues, des catalogues à feuilleter, etc. Plus son vocabulaire est étendu, plus l'enfant est bavard, et plus il est facile pour lui de se représenter des images mentales. Également, pour aider l'enfant dans l'apprentissage du langage aussi bien que dans l'éveil de son imagination, il n'y a rien de mieux que de lui raconter des histoires ou de feuilleter avec lui des livres illustrés.

Afin de stimuler la communication, il suffit de parler à voix haute, de parler de ce que vous faites, de ce que fait l'enfant, de compléter sa phrase, d'y ajouter une idée nouvelle, de lui apprendre de nouveaux mots.

Utilisez la technique de l'écho pour corriger les mots ou les expressions incorrectes de l'enfant : rectifiez discrètement le mot ou la phrase en les reformulant correctement ou en glissant le bon mot. Ainsi, l'enfant ne se sentira pas mal à l'aise d'avoir exprimé quelque chose d'incorrect ou de confus ; il sera plutôt content d'avoir été compris et sera encouragé à continuer de parler. N'oubliez pas que l'enfant apprend par imitation.

Si l'enfant présente un retard de langage, n'hésitez pas à faire appel, le plus tôt possible, aux services de l'orthophoniste. Ce professionnel du langage sera en mesure de fournir à l'enfant l'aide nécessaire pour lui permettre d'acquérir l'habileté verbale dont il aura besoin dans l'apprentissage des matières scolaires.

MATÉRIEL MIROIR, POUPÉE OU OURSON, REVUES, LOTOS SIMPLES À BASE D'IMAGES, LIVRES, LIVRES D'HISTOIRES, CATALOGUES.

ENFANT DE DEUX ANS OU PLUS

Les exercices qui suivent s'adressent aux enfants de deux ans ou plus. Il se peut toutefois que seuls les enfants de cinq ou six ans puissent réussir les plus difficiles.

EXERCICES

1. L'enfant se regarde dans le miroir et trouve tout ce qui l'aide à parler : langue, dents, lèvres, palais.

2. L'enfant fait des bruits en plaçant le bout de sa langue derrière les dents supérieures : bruit de la mitrailleuse (T... T... T...).

3. Les deux lèvres ensemble, l'enfant fait un bruit pour dire que le chocolat, c'est bon : M… M… M…

4. Le dos de la langue au palais, l'enfant imite le son de la poule : C… C… C…

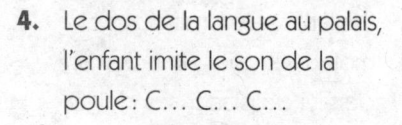

5. Les dents supérieures sur la lèvre inférieure, l'enfant souffle sur la chandelle : F… F… F… ; il imite le bruit du vent : V… V… V…

6. Les dents ensemble l'enfant coupe du bois : S… S… S… ; il imite l'abeille : Z… Z… Z… ; il demande le silence : CH… CH… CH…

7. Les lèvres en avant, l'enfant fait avancer le cheval : U… U… U…

8. L'enfant fait le bruit du petit moteur : R… R… R… Demandez-lui de placer ses doigts sur sa gorge afin de mieux sentir le bruit. Il endort sa poupée ou son ourson : A… A… A… ; il imite le cri de la souris : I… I… I… ; il dit que c'est beau : O… O… O…

9. En choisissant différents mots, faites découvrir à l'enfant les sons imités préalablement. Par exemple, demandez-lui s'il entend vraiment le bruit du petit moteur (R… R… R…) dans le mot « rat ».

10. Posez des questions à l'enfant et invitez-le à vous répondre en s'exprimant à travers sa poupée ou son ourson. Lorsque l'enfant fait une erreur de langage, dites le mot correctement sans insister pour qu'il le répète.

11. Découpez plusieurs images dans les revues et apprenez à l'enfant le mot exact. Cela enrichira son vocabulaire. Il colle ensuite les images découpées et essaie de les nommer le plus rapidement possible.

12. Dressez une liste des mots que l'enfant a de la difficulté à dire. Prononcez-les souvent en articulant bien sans attirer son attention.

13. L'enfant nomme ses vêtements, les vêtements de ses parents, les vêtements d'hiver, d'été, de pluie.

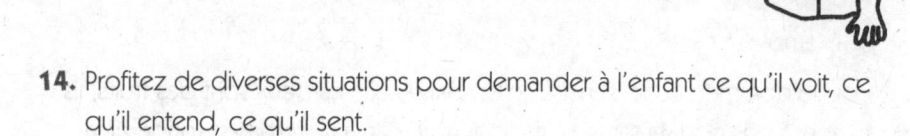

14. Profitez de diverses situations pour demander à l'enfant ce qu'il voit, ce qu'il entend, ce qu'il sent.

15. L'enfant raconte une émission de télévision qu'il a regardée.

16. L'enfant regarde une image et essaie d'inventer une histoire.

17. Découpez dans des catalogues des images représentant divers objets de la vie courante, des aliments dans les circulaires, des animaux que vous pouvez trouver dans les livres à colorier. L'enfant prend une image au hasard et la nomme en mentionnant qu'il l'achète et en disant pourquoi.

Exemples :
- « Aujourd'hui, j'achète une fourchette pour manger. »
- « Aujourd'hui, j'achète un lit pour dormir. »
- « Aujourd'hui, j'achète un grille-pain pour faire griller mon pain. »

18. L'enfant choisit une image sans vous la montrer (utilisez les images de l'exercice précédent). Il la décrit et dit à quoi ça sert jusqu'à ce que vous deviniez l'objet. Lorsque l'enfant a de la difficulté, posez-lui des questions : À quoi ça sert ? Où peut-on le retrouver ? Quelle est sa forme, sa couleur ?, etc.

19. Montrez deux objets ou images à l'enfant et demandez-lui ce qu'ils ont de pareil ou de différent.

Exemple :

Une pomme et une banane : c'est pareil, car les deux sont des fruits, ils sont bons pour la santé ; c'est différent, car la pomme est ronde et la banane est longue ; elles ne sont pas de la même couleur.

20. Faire avec l'enfant le jeu « Je pars en voyage ». Chacun son tour, nommez un objet que vous apportez et dites pourquoi.

Exemples :

« Je pars en voyage et j'apporte un ballon pour jouer. »
« Je pars en voyage et j'apporte un livre pour lire. »

21. Posez une question à l'enfant à laquelle il doit répondre sans jamais utiliser le mot oui ni le mot non. Chaque fois qu'il réussit, remettez-lui un bouton. Ensuite, l'enfant pose les questions et remet les boutons.

22. L'enfant prend une image (employez les images des jeux précédents) et doit vous convaincre d'utiliser l'objet qui y est illustré.

23. Jouez au jeu « Que met-on dans le sac ? ». L'enfant dit un mot qui rime avec celui que vous venez de prononcer. Chacun son tour fournit un mot. Changez de rime lorsque ça devient trop difficile pour l'enfant d'en trouver. Vous pouvez également faire le jeu avec des mots qui commencent par la même syllabe.

Exemples :

« Dans le sac, je mets un chapeau, un oiseau, un manteau… »
« Dans le sac, je mets un jardin, un matin, un cousin… »
« Dans le sac, je mets un caramel, un camion, un canard… »

24. Commencez à raconter une histoire et demandez à l'enfant d'inventer la suite. Lorsqu'il éprouve des difficultés, continuez en ajoutant une phrase ou deux et laissez poursuivre l'enfant.

25. Placez deux images espacées l'une de l'autre. L'enfant nomme la première et trouve une action pour la relier à la deuxième.

Exemple : chien/pantalon : Le chien déchire mon pantalon.

26. Découpez trois illustrations dans des revues. L'enfant invente une histoire en commençant par la première et poursuit avec la deuxième, puis avec la troisième.

27. L'enfant invente une fin à l'histoire que vous racontez.

28. Lisez à l'enfant le titre d'une histoire ou d'un conte et demandez-lui de raconter ce qui, selon lui, se passera dans cette histoire.

29. Profitez des balades en voiture pour inviter l'enfant à s'exprimer oralement. Demandez-lui ce qu'il voit, ce qu'il ferait s'il était un arbre, un chat, un oiseau, où il aimerait vivre, etc.

CHAPITRE 15
L'expression graphique

Apprendre à former des lettres et des chiffres n'est pas une tâche facile pour l'enfant. Pourtant, dès son entrée à l'école, il doit entreprendre cet apprentissage. On ne saurait donc demander à l'enfant d'écrire entre deux lignes rapprochées sans avoir fait au préalable certains exercices qui le mèneront à l'acte d'écrire.

Dans le chapitre sur la motricité fine, l'enfant est invité à faire des activités qui ont pour but d'assouplir et de coordonner les mouvements de ses doigts. Dans le présent chapitre, on l'amène à faire des exercices graphiques (boucles, courbes, droites, obliques, etc.) qui sont à l'origine des lettres.

On peut donner le goût à l'enfant d'écrire dès l'âge de deux ans en lui fournissant du matériel attrayant et adéquat (divers types de papier, de crayons et des craies de différents formats, de la peinture aux doigts*, etc.). Fixez au mur de larges feuilles, de grands cartons ou du papier journal qui permettront, dans un premier temps, au jeune enfant de gribouiller à sa guise. Il est préférable qu'il peigne, dessine ou écrive sur une surface verticale et sur de grandes feuilles au début. Au fur et à mesure qu'il contrôle les mouvements, on diminue progressivement le format des feuilles et des crayons et on le fait

---

* Vous pouvez préparer la peinture aux doigts en mélangeant, 250 ml d'empois, 250 ml d'eau, 750 ml de poudre de savon et du colorant alimentaire.

travailler à l'horizontale. Un babillard sur le mur de sa chambre est d'une grande utilité pour afficher ses réussites, ses dessins, les étiquettes représentant son prénom et ceux de sa famille et de ses amis, etc.

Amenez d'abord l'enfant à faire dans l'espace, avec sa main dominante, les différents tracés ou lettres proposés afin qu'il sente le mouvement. Ensuite, faites-lui reproduire ces éléments au mur, et enfin sur la table. Les lignes et les courbes se forment toujours dans le même sens, direction à suivre dans la formation des lettres. On trace les droites de haut en bas et les courbes en commençant par le haut et en tournant par la gauche vers la droite. (Veillez à ce que l'enfant tienne bien son crayon.) Si l'enfant désire aller plus loin et commencer à former des lettres, suivez le modèle proposé ci-dessous.

Minuscules :

a b c d e f g

h i j k l m n

o p q r s t u

v w x y z

L'expression graphique   169

Majuscules :

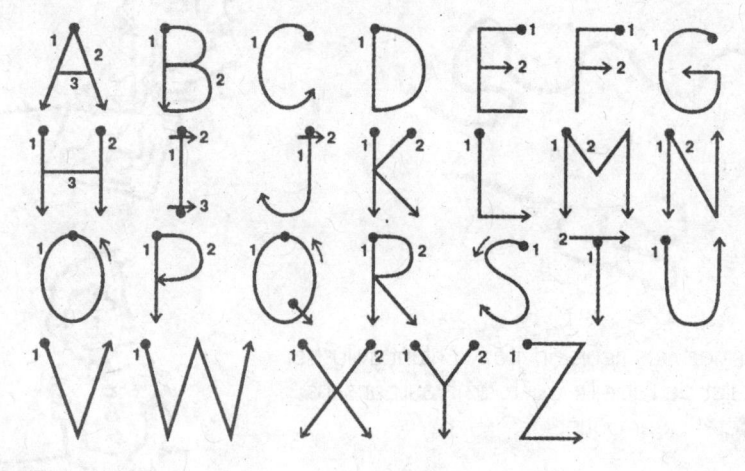

A B C D E F G
H I J K L M N
O P Q R S T U
V W X Y Z

MATÉRIEL CRAYONS DE CIRE, FEUILLES À DESSIN.

ENFANT DE DEUX ANS OU PLUS

Les exercices qui suivent s'adressent aux enfants de deux ans ou plus. Il se peut toutefois que seuls les enfants de cinq ou six ans puissent réussir les plus difficiles.

EXERCICES

1. L'enfant trace sur une grande feuille de papier le dessin d'un bout de laine qui s'est emmêlé.

2. L'enfant trace des chemins sur sa feuille.

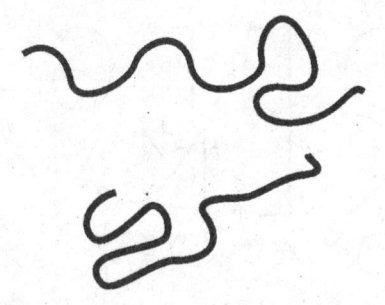

3. Dessinez des fleurs. Invitez l'enfant à illustrer le trajet de l'abeille qui tourne autour sans s'arrêter pour butiner.

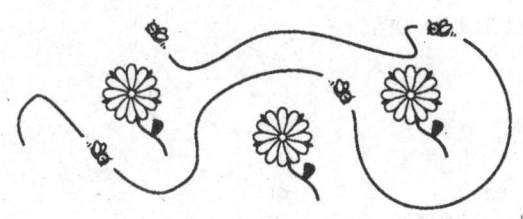

4. L'enfant colle des morceaux de papier sur une feuille et les relie. Il trace le chemin avec son doigt d'abord, puis avec son crayon.

5. Dessinez des cerfs-volants et demandez à l'enfant d'y ajouter la corde.

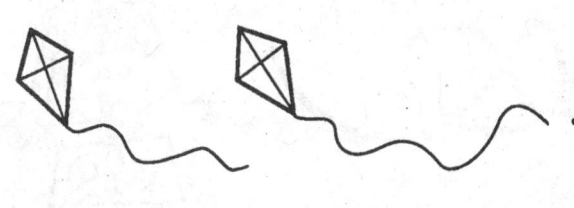

L'expression graphique   171

6. L'enfant tient un objet dans une main tandis que l'autre gribouille sur la feuille.

7. Dessinez des maisons. L'enfant trace le chemin qui conduit à chacune d'elles et fait de la fumée aux cheminées.

8. L'enfant dessine une grande allumette, une moyenne, une petite ; un gros sou, un moyen, un petit.

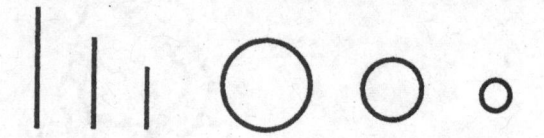

9. L'enfant trace le contour de sa main posée sur une feuille.

10. L'enfant dessine sur une grande feuille, des boucles en rotation. Il en fait des grandes, des petites, une grande suivie d'une petite, etc.

11. En partant du bas de la feuille, l'enfant trace un chemin selon les indications que vous lui donnez.

Exemple : monte, tourne à droite, monte, tourne à gauche, descend, tourne à gauche, etc.

12. L'enfant dessine :

    a) une route ;

    b) les vagues de la mer ;

    c) la pluie ;

L'expression graphique 173

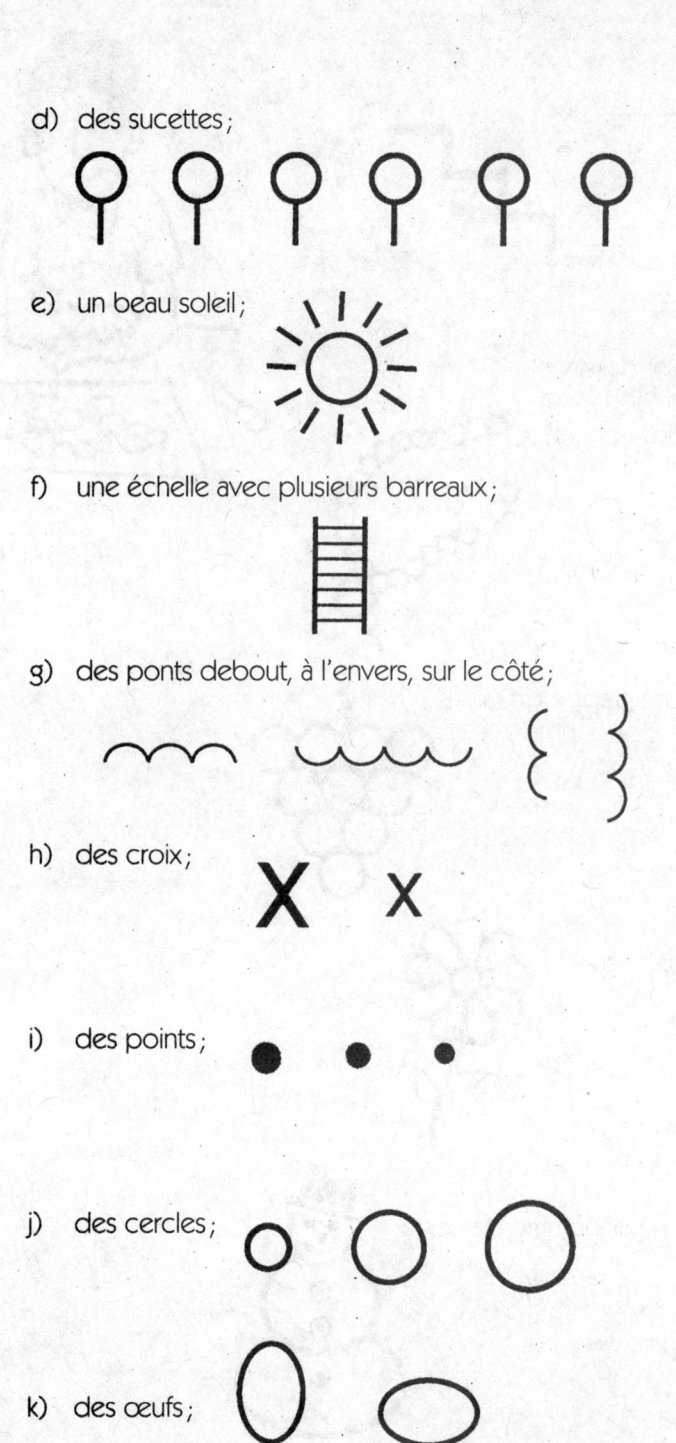

d) des sucettes ;

e) un beau soleil ;

f) une échelle avec plusieurs barreaux ;

g) des ponts debout, à l'envers, sur le côté ;

h) des croix ;

i) des points ;

j) des cercles ;

k) des œufs ;

l) un escalier.

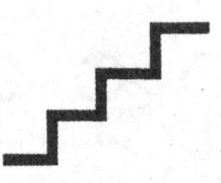

13. L'enfant dessine :

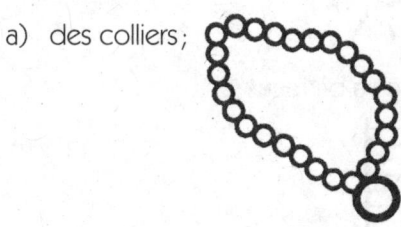

a) des colliers ;

b) une grappe de raisins ;

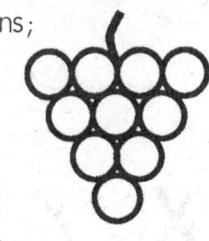

c) une fleur ;

d) un bonhomme de neige.

L'expression graphique   175

14. Tracez des lignes horizontales espacées de cinq centimètres et demandez à l'enfant de faire les tracés ci-dessous. Au fur et à mesure que l'enfant devient plus habile, reprenez les exercices en réduisant l'espace entre les lignes. (N'oubliez pas, les cercles se forment de gauche à droite et les droites, de haut en bas.) Demandez toujours à l'enfant de passer sur les tracés avec son doigt pour commencer ; ensuite, il reproduit les modèles avec de la pâte à modeler, puis, en dernier lieu, il les écrit avec son crayon.

15. Reproduisez les modèles ci-dessous sur une feuille quadrillée et demandez à l'enfant de continuer les motifs.

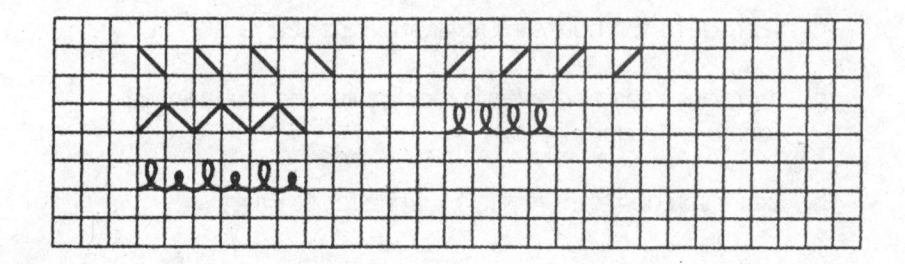

16. Afin de permettre à l'enfant d'expérimenter l'orientation de la lecture et de l'écriture, demandez-lui de suivre avec son doigt en faisant semblant de lire les lignes dans ses livres d'histoires. Il comprend alors qu'on lit et qu'on écrit en commençant en haut et de gauche à droite.

17. Écrivez le nom de l'enfant en vous inspirant du modèle de lettres fourni au début du chapitre. N'oubliez pas, on forme la première lettre de son nom avec une majuscule et les autres en minuscules. (Les majuscules prennent l'accent.)

Demandez à l'enfant de :

a) passer sur les formes ou les lettres avec l'index de sa main dominante ;

b) faire des serpents avec de la pâte à modeler et les placer sur les formes ou les lettres de son nom ;

c) reproduire les formes ou les lettres en dessous avec la pâte à modeler ;

d) passer par-dessus les formes ou les lettres avec son crayon ;

e) écrire son nom sur une feuille en regardant le modèle ;

f) reproduire son nom sans regarder le modèle ;

g) reproduire son nom avec le modèle sur une feuille lignée (écrire entre deux lignes) ;

h) écrire son nom sans modèle sur une feuille lignée.

BIBLIOGRAPHIE

CAMPBELL, Don. L'effet Mozart sur les enfants, Montréal, Éditions de l'Homme, 2001.

DE MAISTRE, Marie. Dyslexie, dysorthographie, Éd. Universitaire.

DE MEUR, A. et Ph. Navet. Méthode pratique de rééducation de la lecture et de l'orthographe, Bruxelle, A. De Boeck, 3e éd., 1979.

DOYON, Louise. Préparez votre enfant à l'école dès l'âge de 2 ans. 500 jeux et activités pour les enfants de 2 à 6 ans, Montréal, Éditions de l'Homme, 1996.

GESELL, A. et F. L. Ilg. Le jeune enfant dans la civilisation moderne, Paris, Presses Universitaires de France, 10e éd., 1978.

GIROLAMI-BOULINIER, Le guide des premiers pas scolaires, Delachaux et Nieslé, 1973.

PIAGET, J. Inhelder, B. La représentation de l'espace chez l'enfant, Paris, PUF, 1962.

STERN, Arno. Heureux comme un enfant qui peint, Paris, Ed. du Rocher, 2005.

WALLON, H. Les origines de la pensée chez l'enfant, Paris, P.U.F., 4e éd., 1975.

WARNER, Penny. Bébé joue et apprend. 160 jeux et activités pour les enfants de 0 à 3 ans, Montréal, Éditions de l'Homme, 2005.

WARNER, Penny. Mon enfant joue et apprend. 150 jeux et activités pour les enfants de 3 à 6 ans, Montréal, Éditions de l'Homme, 2005.

TABLE DES MATIÈRES

Introduction 7

Chapitre 1. La motricité globale 11
Chapitre 2. La motricité fine 25
Chapitre 3. Le schéma corporel 39
Chapitre 4. La latéralité 47
Chapitre 5. L'orientation spatiale 59
Chapitre 6. L'orientation temporelle et le rythme 79
Chapitre 7. L'organisation perceptive 97
Chapitre 8. La discrimination visuelle 99
Chapitre 9. La mémoire visuelle 111
Chapitre 10. La discrimination auditive 119
Chapitre 11. La mémoire auditive 127
Chapitre 12. L'attention 133
Chapitre 13. Le raisonnement et la préparation
             aux mathématiques 141
Chapitre 14. L'expression orale 159
Chapitre 15. L'expression graphique 167

Bibliographie 177

BEAUX LIVRES

Histoire et patrimoine

Histoire de la motoneige – Ce sentier qui se perd, Pierre Pellerin
Intérieurs québécois, Yves Laframboise
L'île des Soeurs, Jacques Lacoursière
L'île d'Orléans, Michel Lessard
La maison au Québec, Yves Laframboise
La nouvelle encyclopédie des antiquités du Québec, Michel Lessard
Les ailes du Canada, Stephen Payne
Les iroquoiens du Saint-Laurent, Roland Tremblay
Meubles anciens du Québec, Michel Lessard
Montréal au xxe siècle – regards de photographes, Collectif dirigé par Michel Lessard
Montréal, métropole du Québec, Michel Lessard
Québec, ville du Patrimoine mondial, Michel Lessard
Sainte-Foy – L'art de vivre en banlieue au Québec, M. Lessard, J.-M. Lebel et C. Fortin
Syrie, terre de civilisations, Michel Fortin

Tourisme et nature

Abitibi Témiscamingue, Mathieu Dupuis et Denys Chabot
À la découverte du Saint-Laurent, Jean Gagné
Circuits pittoresques du Québec, Yves Laframboise
Domaine de Maizerets, Frédéric Smith et Louise Tanguay
Far North, Patrice Halley
Grand Nord, Patrice Halley
I am Montréal, Louise Larivière et Jean-Eudes Schurr
Jardins de Métis, Alexander Reford et Louise Tanguay
Je suis Montréal, Louise Larivière et Jean-Eudes Schurr
L'herbier du jardin, Jean-Luc Breuvart
La motoneige au Québec et ailleurs au Canada, Yves Ouellet
La Gaspésie, Paul Laramée et Marie-José Auclair
Le kayak de mer au Québec, Alain Dumas et Yves Ouellet
Le Québec vu du ciel, Pierre Lahoud et Henri Dorion
Le Saint-Laurent : beautés sauvages du grand fleuve, Annie Mercier et Jean-François Hamel
Le Vieux-Port de Montréal, Pauline Desjardins
Le Vieux-Québec sous la neige, M. Lessard, G. Pellerin et C. Huot
Les îles, Annie Mercier et Jean-François Hamel
Les jardins de Métis, Alexander Reford et Louise Tanguay
Les saisons de Charlevoix, François Rivard et Yves Ouellet
Les seigneurs de la mer, Jean-Pierre Sylvestre
Les sentinelles du Saint-Laurent, Patrice Halley
Montréal – les lumières de ma ville, Yves Marcoux et Jacques Pharand
Montreal, the lights of my city, Jacques Pharand et Yves Marcoux
Old Québec city of snow, M. Lessard, G. Pellerin et C. Huot
Promenades estriennes, Hélène Laperrière
Quebec a land of contrasts, C. Éthier, M. Provost et Y. Marcoux
Québec by night, Jay Ouellet
Quebec, city of light, Michel Lessard et Claudel Huot
Québec from the air, Pierre Lahoud et Henri Dorion
Québec from the sky cities and villages, Pierre Lahoud et Henri Dorion
Québec rencontre de nuit, Jay Ouellet
Québec terre de contrastes, C. Éthier, M. Provost et Y. Marcoux
Québec, ville de lumière, Michel Lessard et Claudel Huot
Québec villes et villages vus du ciel, Pierre Lahoud et Henri Dorion
Québec vu du ciel, Pierre Lahoud et Henri Dorion
Reford Gardens, Alexander Reford et Louise Tanguay
Rivières du Québec, Annie Mercier et Jean-François Hamel
Seasons in Charlevoix, François Rivard et Yves Ouellet
Sentinels of the St. Lawrence, Patrice Halley
Splendeurs sauvages du Québec, Heiki Wittenborn et Jean-Pierre Sylvestre
The Old Port of Montreal, Pauline Desjardins
Villages pittoresques du Québec, Yves Laframboise

Beaux-arts

Clarence Gagnon – Rêver le paysage, Hélène Sicotte et Michèle Grandbois
Claude Le Sauteur, Robert Bernier

Flora, Louise Tanguay
L'affiche au Québec – Des origines à nos jours, Marc H. Choko
La collection Lavalin du musée d'art contemporain de Montréal, Collectif dirigé par Josée Bélisle
La palette sauvage d'Audubon – Mosaïque d'oiseaux, David M. Lank
La peinture au Québec depuis les années 1960, Robert Bernier
Le design au Québec, M. H. Choko, P. Bourassa et G. Baril
Les estampes de Betty Godwin, Rosemarie L. Tovell
Miyuki Tanobe, Robert Bernier
Natura, Louise Tanguay
Oiseaux de proie, Carlo Hindian et Carl Millier
Riopelle, Robert Bernier
Suzor-Coté – Light and Matter, Laurier Lacroix
Suzor-Coté – Lumière et matière, Laurier Lacroix
Un siècle de peinture au Québec, Robert Bernier

Sports et loisirs

Belles voitures de toujours – 160 modèles qui font rêver, J. Gagnon et C. Vincent
Guide des voitures anciennes tome 2, J. Gagnon et C. Vincent
Martin Brodeur – Le plaisir de jouer, Denis Brodeur et Daniel Daignault

Tradition

À la rencontre des grands maîtres, Josette Normandeau

GUIDES ANNUELS

Le guide du vin

Le guide du vin 2006, Michel Phaneuf
Le guide du vin 2007, Michel Phaneuf
Le guide du vin 2008, Michel Phaneuf

FAITS ET GENS

Documents et essais

À la belle époque des tramways, Jacques Pharand
Enquête sur les services secrets, Normand Lester
Gangsters et hommes d'honneur – Décodez la mafia, Pierre de Champlain
L'histoire des Molson, Karen Molson
La face cachée des gangs de rue, Maria Mourani
Les anges de la mort, William Marsden et Julian Sher
Les insolences du frère Untel, Jean-Paul Desbiens
Les liens du sang, Antonio Nicaso et Lee Lamothe
Marcel Tessier raconte… tome I, Marcel Tessier
Marcel Tessier raconte… tome 2, Marcel, Tessier
Option Québec, René Lévesque
Terreur froide, Stewart Bell
Wolfe et Montcalm, Joy Carroll

Récits et témoignages

Aller-retour au pays de la folie, S. Cailloux-Cohen et Luc Vigneault
De pathétique à athlétique – … à 60 ans, Andy Dépatie
Je me souviens, Marcel Tessier
L'énigmatique Dany Kane – Un informateur chez les Hells, Daniel Sanger
La route des Hells, Julian Sher et William Marsden
Le secret de Blanche, Blanche Landry
Les affamées – Regards sur l'anorexie, Annie Loiselle
Les diamants de l'enfer, André Couture et Raymond Clément
Moi, Martin Bélanger, 34 ans, schizophrène, Martin Bélanger
Qui a peur d'Alexander Lowen?, Édith Fournier
Sale job – Un ex-motard parle, Peter Paradis
Se guérir autrement c'est possible, Marie Lise Labonté
Trafic de drogue, Antonio Nicaso et Lee Lamothe

Biographies

Chrétien – Un Canadien pure laine, Michel Vastel
Heureux comme un roi, Benoît L'Herbier
Jean-Claude Poitras – Portrait d'un homme de style, Anne Richer
Je suis un bum de bonne famille, Jean-François Bertrand
Landry – Le grand dérangeant, Michel Vastel
Le frère André, Micheline Lachance
Moi, Martin Bélanger, 34 ans, schizophrène, Martin Bélanger
Paul-Émile Léger tome 1. Le Prince de l'Église, Micheline Lachance
Paul-Émile Léger tome 2. Le dernier voyage, Micheline Lachance
Pleurires, Jean Lapointe
Sir Wilfrid Laurier, Laurier L. Lapierre
Trudeau citoyen du monde Tome 1, John English
Trudeau le Québécois, Michel Vastel
Trudeau, Fils du Québec, père du Canada Tome 1, Max et Monique Nemni

À LA DÉCOUVERTE DE SOI

Psychologie, psychologie pratique et développement personnel

À 10 kilos du bonheur – L'obsession de la minceur, Danielle Bourque
Aimer et se le dire, Jacques Salomé et Sylvie Galland
Approcher les autres, est-ce si difficile?, Isabelle Nazare-Aga
Arrête de bouder!, Marie-France Cyr
Arrosez les fleurs pas les mauvaises herbes, Fletcher Peacock
Au cœur de notre corps – Se libérer de nos cuirasses, Marie Lise Labonté
Célibataire aujourd'hui – de la solitude à la relation amoureuse, Odile Lamourère
Ces gens qui explosent, Albert J. Bernstein
Ces gens qui manquent d'ordre, Rita Emmett
Ces gens qui ont peur d'avoir peur, Elaine N. Aron
Ces gens qui remettent tout à demain, Rita Emmett
Ces gens qui se sentent coupables, Lewis Engel et Tom Ferguson
Ces gens qui se sentent toujours visés, Elayne Savage
Ces gens qui tirent vos ficelles, Harriet B.
Ces gens qui veulent plaire à tout prix, Harriet B. Braiker
Ces gens qui vous empoisonnent l'existence, Lillian Glass
Ces pères qui ne savent pas aimer – et les femmes qui en souffrent, Monique Brillon
Ces peurs et ces désirs qui nous gâchent la vie, Dan Neuharth
Cessez d'être gentil, soyez vrai, Thomas d'Ansembourg
Ces vérités vont changer votre vie, Dr Joseph Murphy
Champion dans la tête, François Ducasse et Makis Chamalidis
Comment contrôler l'inquiétude et l'utiliser efficacement, Dr E. M. Hallowell
Comment devenir son propre thérapeute, Patricia Farrell
Comment s'entourer de gens extraordinaires, Lillian Glass
Communication et épanouissement personnel – La relation d'aide, Lucien Auger
Communiquer avec les autres, c'est facile!, Érica Guilane-Nachez
Comprendre et interpréter vos rêves, Michel Devivier et Corinne Léonard
Décoder Léonard de Vinci, Michael J. Gelb
Découvrir un sens à sa vie avec la logothérapie, Viktor E. Frankl
De ma tête à mon cœur, Micheline Lacasse
Développez votre charisme, Tony Alessandra
Devenir acteur de sa vie, Arnaud Riou
Dites oui au changement, George et Sedena Cappanelli
Dominez votre anxiété avant qu'elle ne vous domine, Albert Ellis
Du nouvel amour à la famille recomposée, Gisèle Larouche
Dynamique des groupes, Jean-Marie Aubry
Enseignants efficaces – Enseigner et être soi-même, Thomas Gordon
Et moi et moi et moi – Comment se protéger des narcissiques, Sandy Hotchkiss
Être heureux ce n'est pas nécessairement confortable, Thomas d'Ansembourg
Être soi dans un monde difficile, Carol Allain
Être soi-même, Dorothy Corkille Briggs
Gardez-vous d'aimer un pervers, Véronique Moraldi
Guérir grâce à nos images intérieures, Marie Lise Labonté et Nicolas M. Bornemisza
Guérir les traces du passé, Ingeborg Bosch Bonomo
Introverti et heureux, Marti Olsen Laney
J'achète (trop) et j'aime ça!, Claude Boutin
Jamais seuls ensemble, Jacques Salomé
Je réinvente ma vie, J. E. Young et J. S. Klosko
Je sais ce que tu penses, Lillian Glass
L'accompagnement au soir de la vie, Andrée Gauvin et Roger Régnier
L'amour, de l'exigence à la préférence, Lucien Auger

L'amour en guerre, Guy Corneau
L'amour entre elles, Claudette Savard
L'art de discuter sans se disputer, Robert V. Gerard
L'effet placebo – le pouvoir de guérir, Danielle Fecteau
Lâcher prise – La clé de la transformation intérieure, Guy Finley
La dépression sans reproche, Francine Lamy
La fille de sa mère, Véronique Moraldi
La force intérieure, J. Ensign Addington
La force de s'affranchir, Johanne Ouimette
La graphologie, Claude Santoy
La graphologie en 10 leçons, Claude Santoy
La guérison du cœur, Guy Corneau
La haine, Rush W. Dozier
La pensée qui soigne, Monique Brillion
La personne en écho, Jean-Charles Crombez
La psychogénéalogie, Doris Langlois et Lise Langlois
La puissance de la pensée positive, Norman Vincent Peale
La puissance des émotions, Michelle Larivey
La peur d'aimer, Steven Carter et Julia Sokol
La puissance de votre subconscient, Dr Joseph Murphy
La synergologie, Philippe Turchet
La vérité sur le mensonge, Marie-France Cyr
Leader efficaces – Communication et performance en équilibre, Thomas Gordon
Le bonheur si je veux, Florence Rollot
Le cœur apprenti, Guy Finley
Le déclic – Transformer la douleur qui détruit en douleur qui guérit, Marie Lise Labonté
Le défi de l'amour, John Bradshaw
Le défi des relations – Le transfert des émotions, Michelle Larivey
Le grand méchant stress, Florence Rollot
Le grand ménage amoureux, Robert Brisebois
Le jeu excessif, Robert Ladouceur, Caroline Sylvain, Claude Boutin et Céline Doucet
Le joueur et perte de contrôlée, Claude Boutin et Robert Ladouceur
Le juste équilibre – Temps, famille, travail, argent, A. Roger Merrill et Rebecca R. Merrill
Le langage du corps, Julius Fast
Le pouvoir d'Aladin, Jack Canfield et Mark Victor Hansen
Le pouvoir créateur de la colère, Harriet G. Lerner
Le pouvoir de la couleur, Faber Birren
Le pouvoir de l'empathie, A.P. Ciaramicoli et C. Ketcham
Le pouvoir de la résilience, Robert Brooks et Sam Goldstein
Le Soi aux mille visages, Pierre Cauvin et Geneviève Cailloux
Le temps d'apprendre à vivre, Lucien Auger
Les barrages inutiles, Dr Daniel Dufour
Les clés pour lâcher prise, Guy Finley
Les codes inconscients de la séduction, Philippe Turchet
Les hasards nécessaires – La synchronicité dans les rencontres qui nous transforment, Jean-François Vézina
Les manipulateurs et l'amour, Isabelle Nazare-Aga
Les manipulateurs sont parmi nous, Isabelle Nazare-Aga
Les mères aussi aiment ça, Dr Valerie Davis Ruskin
Les mots qui font du bien, Nance Guilmartin
Les rêves, messagers de la nuit, Nicole Gratton
Les rêves portent conseil, Laurent Lachance
Les tremblements intérieurs, Dr Daniel Dufour
Mais qu'est-ce qui passe par la tête des méchants?, Michel Fize
Mettez de l'action dans votre couple, Albertine et Christophe Maurice
Mon journal de rêves, Nicole Gratton
Nous sommes toutes des déesses, Sophie d'Oriona
Où sont les hommes ? – La masculinité en crise, Anthony Clare
Parle-moi... j'ai des choses à te dire, Jacques Salomé
Pensées pour lâcher prise, Guy Finley
Pensez comme Léonard De Vinci, Michael J. Gelb
Père manquant, fils manqué, Guy Corneau
Petit traité antidéprime – 4 saisons dans le bonheur, Nicolas Sarrasin
Ping, Stuart Avery Gold
Pourquoi les hommes marchent-ils à la gauche des femmes?, Philippe Turchet
Pourquoi les hommes ne font plus la cour?, Odile Lamourère
Quand le corps dit non – Le stress qui démolit, Dr Gabor Maté
Quand les femmes aimeront les hommes, Odile Lamourère
Qu'attendez-vous pour être heureux, Suzanne Falter-Barns
Qui suis-je?, Nicolas Sarrasin
Réfléchissez et devenez riche, Napoleon Hill
Relations efficaces, Thomas Gordon
Retrouver l'enfant en soi, John Bradshaw
Rêves, signes et coïncidences, Laurent Lachance

Rompre sans tout casser, Linda Bérubé
S'affirmer et communiquer, Jean-Marie Boisvert et Madeleine Beaudry
S'affranchir de la honte, John Bradshaw
S'aider soi-même davantage, Lucien Auger
Savoir relaxer pour combattre le stress, Dr Edmund Jacobson
Séduire à coup sûr, Leil Lowndes
Se réaliser dans un monde d'images – À la recherche de son originalité, Jean-François Vézina
Si je m'écoutais je m'entendrais, Jacques Salomé et Sylvie Galland
Une année pour lâcher prise, Guy Finley
Une vie à se dire, Jacques Salomé
Un Paon au pays des pingouins, Barbara «BJ» Hatley et Warren H. Schmidt
Vaincre l'ennemi en soi, Guy Finley
Victime au travail – l'enfer du harcèlement psychologique, Nicole Binette
Vivre et lâcher prise, Guy Finley
Victime des autres, bourreau de soi-même, Guy Corneau
Vivre avec les autres – Chaque jour...la vie, Jacques Salomé
Vivre avec les miens – Chaque jour...la vie, Jacques Salomé
Vivre avec soi – Chaque jour... la vie, Jacques Salomé
Vouloir c'est pouvoir, Raymond Hull

Sexualité

36 jeux drôles pour pimenter votre vie amoureuse, Albertine et Christophe Maurice
1001 stratégies amoureuses, Marie Papillon
Full sexuel – La vie amoureuse des adolescents, Jocelyne Robert
L'amour au défi, Natalie Suzanne
L'histoire merveilleuse de la naissance, Jocelyne Robert
La plénitude sexuelle, Michael Riskin et Anita Banker-Riskin
La sexualité pour le plaisir et pour l'amour, D. Schmid et M.-J. Mattheeuws
Le langage secret des filles, Josey Vogels
Le sexe en mal d'amour, Jocelyne Robert
Ma sexualité de 0 à 6 ans, Jocelyne Robert et Jo-Anne Jacob
Ma sexualité de 6 à 9 ans, Jocelyne Robert
Ma sexualité de 9 à 11 ans, Jocelyne Robert
Parlez-leur d'amour et de sexualité, Jocelyne Robert
Te laisse pas faire! Jocelyne Robert

Pédagogie et vie familiale

Attention, parents!, Carol Soret Cope
Bouger avec bébé, Diane Daigneault
Comment aider mon enfant à ne pas décrocher, Lucien Auger
Fêtes d'enfants de 1 à 12 ans, France Grenier
L'enfance du bonheur – Aider les enfants à intégrer la joie dans leur vie, Edward M. Hallowell
Le grand livre de notre enfant, Dorothy Einon
Le juste équilibre, A. Roger Merrill et Rebecca R. Merrill
Les douze premiers mois de mon enfant, Frank Caplan
Mon enfant joue et apprend de 3 à 6 ans, Penny Warner
Petits mais futés, Marcèle Lamarche et Jean-François Beauchemin
Préparez votre enfant à l'école dès l'âge de 2 ans, Louise Doyon

Collection « Parents aujourd'hui »

Avec mon enfant, je positive!, Brigitte Pujos
Ces enfants que l'on veut parfaits, Dr Elisabeth Guthrie et Kathy Mattews
Ces enfants qui remettent tout à demain, Rita Emmett
Comment développer l'estime de soi de votre enfant, Carl Pickhardt
Éduquer sans punir, Dr Thomas Gordon
Enfant automate ou enfant autonome, Diane Daniel
Interprétez les rêves de votre enfant, Laurent Lachance
L'enfant dictateur, Fred G. Gosman
L'enfant en colère, Tim Murphy
L'enfant impulsif, Dr Guy Falardeau
L'enfant qui dit non, Jerry Wyckoff et Barbara C. Unell
L'enfant souffre-douleur, Maria-G. Rincón-Robichaud
L'enfant sous pression, Donna G. Corwin
Mon ado me rend fou!, Michael J. Bradley
Parent responsable, enfant équilibré, François Dumesnil
Questions de parents responsables, François Dumesnil
Retrouver son rôle de parent, Gordon Neufreld et Dr Gabor Maté
Se faire obéir des enfants sans frapper ni crier, Jerry Wyckoff et Barbara C. Unell

Spiritualité

Le feu au cœur, Raphael Cushnir
Le miracle de votre esprit, Dr Joseph Murphy
Prier pour lâcher prise, Guy Finley
Un autre corps pour mon âme, Michael Newton

Astrologie, ésotérisme et arts divinatoires

Astrologie 2006, Andrée D'Amour
Astrologie 2007, Andrée D'Amour
Bien lire dans les lignes de la main, S. Fenton et M. Wright
Comment voir et interpréter l'aura, Ted Andrews
Horoscope chinois 2006, Neil Somerville
Horoscope chinois 2007, Neil Somerville
Interprétez vos rêves, Louis Stanké
L'Ennéagramme au travail et en amour, Helen Palmer
Les lignes de la main, Louis Stanké
Les secrets des 12 signes du zodiaque, Andrée D'Amour
Votre avenir par les cartes, Louis Stanké
Votre destinée dans les lignes de la main, Michel Morin

Collection « Alter ego »

Communication efficace – Pour des relations sans perdant, Linda Adam's
Communication et épanouissement personnel, Lucien Auger
Dynamique des groupes, Jean-Marie Aubry
Focusing, Eugene T. Gendlin
J'aime – Comment garder l'amour longtemps, Yves St-Arnaud
La personne humaine – Développement personnel et relations interpersonnelles, Yves St-Arnaud
Les secrets de la communication, Richard Bandler et John Grinder
Petit code de la communication, Yves St-Arnaud
S'aider soi-même – Une psychologie par la raison, Lucien Auger
Vaincre ses peurs, Lucien Auger

VIVRE EN BONNE SANTÉ

Soins et médecine

Arbres et arbustes thérapeutiques, Anny Schneider
Autopsie d'une catastrophe médicale – l'exemple du Vioxx, Dr Christian Fortin et Jacques Beaulieu
Cures miracles – Herbes, vitamines et autres remèdes naturels, Jean Carper
Dites-moi, docteur…, Dr Raymond Thibodeau
L'esprit dispersé, Dr Gabor Maté
La pharmacie verte, Anny Schneider
Le Guide de la santé – Se soigner à domicile, Clinique Mayo
Maux de tête et migraines, Dr Jacques P. Meloche et J. Dorion
Médecine naturelle amérindienne, Poter Shimer
Plantes sauvages médicinales, Anny Schneider et Ulysse Charette

Alimentation

Bien manger sans gluten, Bette Hagman
Bonne table et bon cœur, Anne Lindsay
Bonne table, bon sens, Anne Lindsay
Comment nourrir son enfant, Louise Lambert-Lagacé
Devenir végétarien, V. Melina, V. Harrison et B. C. Davis
Du nouveau dans la boîte à lunch, Josée Thibodeau
L'alimentation durant la grossesse, Hélène Laurendeau et Brigitte Coutu
L'alimentation intuitive, Edward Abramson
La grande cuisine de tous les jours, Weight Watchers
La sage bouffe de 2 à 6 ans, Louise Lambert-Lagacé
La santé au menu, Karen Graham
Le juste milieu dans votre assiette, Dr B. Sears et B. Lawren
Le lait de chèvre un choix santé, Collectif
Le régime anti-inflamatoire, Dr Barry Sears
Le régime Oméga, Dr Barry Sears
Le végétarisme à temps partiel, Louise Desaulniers et Louise Lambert-Lagacé
Les aliments et leurs vertus, Jean Carper
Les aliments miracles pour votre cerveau, Jean Carper

Les aliments qui guérissent, Jean Carper
Les desserts sans sucre, Jennifer Eloff
Les recettes du juste milieu dans votre assiette, Dr Barry Sears
Manger, boire et vivre en bonne santé, Walter C. Willett
Mangez mieux selon votre groupe sanguin, Karen Vago et Lucy Degrémont
Ménopause – Nutrition et santé, Louise Lambert-Lagacé
Nourrir son cerveau, Louise Thibault
Vaincre l'hypoglycémie, O. Bouchard et M. Thériault
Variez les couleurs dans votre assiette, James A. Joseph et Dr Daniel A. Nadeau

Bien-être

Au bout du rouleau?, Debra Waterhouse
Bien vivre, mieux vieillir, Marie-Paule Dessaint
Bouger avec bébé, Diane Daigneault
Découvrez la méthode Pilates, Anna Selby et Alan Herdman
En 2 temps 3 mouvements, Thérèse Cadrin Petit et Lucie Dumoulin
La gymnastique faciale, Catherine Pez
La méthode Pilates pendant la grossesse, Michael King et Yolande Green
La réflexologie, Pauline Willis
La technique Alexander, Richard Brennan
Le body-rolling, Yamuna Zake et Stéphanie Golden
Le corps heureux, Thérèse Cadrin Petit et Lucie Dumoulin
Le flex-appeal, Kathy Smith
La marche, Dr William Bird et Veronica Reynolds
Le massage thaïlandais, Maria Mercati
Le plaisir de bouger, Nathalie Lambert
Le plan ayurveda, Anna Selby et Ian Hayward
Le plan détente – Formule antistress, Beth Maceoin
Le plan détox, Dr Christina Scott-Moncrieff
Le yoga – Maîtriser les postures de base, Sandra Anderson et Rolf Sovik
Les allergies, Dr Christina Scott-Moncrieff
Les bienfaits de l'eau – H$_2$O, Anna Selby
Mouvements d'éveil corporel, Marie Lise Labonté
Vaincre les ennemis du sommeil, Charles M. Morin
Yogito – Un yoga pour l'enfant, M. Giammarinaro et D. Lamure

ART DE VIVRE

Tourisme et nature

Flocons de neige – La beauté secrète de l'hiver, Kenneth Libbrecht et Patricia Rasmussen

Cuisine et gastronomie

Apprêter et cuisiner le gibier, Collectif
Barbecue d'intérieur – Steven Raichlen
Biscuits et muffins – Une tradition de bon goût, Marg Ruttan
Coffret marinades et confitures, Y. Bouchard et F. Guilbaud
Cuisine amérindienne, Françoise Kayler et André Michel
Cuisine traditionnelle des régions du Québec, Institut de tourisme et d'hôtellerie du Québec
Des insectes à croquer – Guide de découvertes, Jean-louis Thémis et l'Insectarium de Montréal
Du nouveau dans la boîte à lunch, Josée Thibodeau
Fruits et légumes exotiques, Jean-Louis Thémis et l'I.T.H.Q.
Gibier à poil et à plume, Jean-Paul Grappe
Huiles et vinaigres, Jean-François Plante
La bonne cuisine des saisons, Frère Victor-Antoine d'Avila-Latourrette
La cuisine de la Nouvelle France, maître-coc du *Cabaret du Roy*
La cuisine du monastère, Frère Victor-Antoine d'Avila-Latourrette
La cuisine traditionnelle du Québec, Jean-Paul Grappe
Le barbecue – Toutes les techniques pour cuisiner sur le gril, Steven Raichlen
Le boulanger électrique – Du pain frais chaque jour, Marie-Paul Marchand et Marysé Raymond
Le grand livre des conserves, Judi Kingry et Lauren Devine
Le porc en toutes saisons, Fédération du porc du Québec
Le temps des confitures, Yoland Bouchard
Le temps des courges, Manon Saint-Amand
Le temps des marinades, Frédérique Guilbaud
Le temps des pêches, Olwen Woodier
Le temps des pommes, Olwen Woodier et Suzanne P. Leclerc
Le temps des sucres, Ken Haedrich et Suzanne P. Leclerc

Le temps des tomates, Lawrence Davis-Hollander
Le temps du maïs, Olwen Woodier et Suzanne P. Leclerc
Les bonnes salades du monastère, Frère Victor-Antoine d'Avila-Latourrette
Les bonnes soupes du monastère, Frère Victor-Antoine d'Avila-Latourrette
Les menus midi, L. Desaulniers et L. Lambert-Lagacé
Les recettes de grand-maman Lassonde, Juliette Lassonde
Plats mijotés, Donna-Marie Pye
Plats mijotés santé, Judith Finlayson
Poissons, mollusques et crustacés, Jean-Paul Grappe et l'I.T.H.Q.
Saveurs de café, Susan M. Zimmer
Saveurs de légumineuses, Manon Saint-Amand
Savoir cuisiner, James Peterson
Un homme au fourneau Tome 1, Guy Fournier
Un homme au fourneau – Tome 2, Guy Fournier

Collection « tout un plat »

Agneau, Collectif
Ail, Sara Perry
Bacon, Sara Perry
Balsamico, Pamela Sheldon Johns
Basilic, thym, coriandre et autres herbes..., Jean-Paul Grappe
Biscuits, Elinor Klivans
Burgers, Paul Gayler
Canapés, amuse-gueules et bouchées, Elsa Petersen-Schepelern
Citron, Guy Fournier
Cocktails, James Butler et Vicki Liley
Crevettes, Collectif
Dindon et dinde, Collectif
Homard et crabe, Collectif
Huile d'olive, Robert Beauchemin
Jus frais et boissons santé, Anne McIntyre
Lasagnes, Dwayne Ridgaway
Légumes, Paul Gayler
Moules et palourdes, Collectif
Muffins et petits gâteaux, Suzie Smith
Noix, noisettes, pacanes, amandes..., Tina Salter
Nouilles, Vicki Liley
Pain, Éric Blais et Josée Fiset
Parmigiano reggiano, Igor Brotto, Elvio Galasso et Pasquale Vari
Pasta, Pamela Sheldon Johns
Patates, Gayler, Paul
Pâtes aux fruits de mer et au poisson, Collectif
Petits fruits, Jean-Paul Grappe
Pétoncles, coquilles Saint-Jacques et huîtres, Collectif
Poissons, Jean-Paul Grappe
Porc, Fédération québécoise des producteurs de porc
Prosciutto et jambon de parme, Pamela Sheldon
Rôtis, Rodney Dunn
Salades, Jennifer Joyce
Saumon fumé, Max Hanseen et Suzanne Goldenson
Sushis et sashimis, Masakuzu Hori et Kazu Takahashi
Veau, Collectif

Collection « tout un chef »

Laurent Godbout, chef chez l'Épicier, Laurent Godbout
Marie-Chantal Lepage, chef au Château bonne entente, Marie-Chantal Lepage
Patrice Demers, chef patissier aux restaurant Les chèvres et le chou, Patrice Demers
Richard Bastien, la cuisine bistrot du café Leméac, Richard Bastien

Vin, boissons et autres plaisirs

Harmonisez vins et mets – Le nouveau guide des accords parfaits, Jacques Orhon
Le bonheur est dans le vin, Albert Adam et Jean-Luc Jault
Le nouveau guide des vins de France, Jacques Orhon
Le nouveau guide des vins d'Italie, Jacques Orhon
Mieux connaître les vins du monde, Jacques Orhon
Voyageur du vin – Regard photographique sur les vignobles du monde, Michel Phaneuf

Horticulture

La bible du potager, Edward C. Smith
Le grand livre des vivaces, Albert Mondor
Le guide des fleurs parfaites, Albert Mondor
Les annuelles en pots et au jardin, Albert Mondor
Les belles de Métis, Alexander Reford et Louise Tanguay
Les bulbes, Pierre Gingras
Les graminées, Sandra Barone et Friedrich Oehmichen
Les hémérocalles, Réjean D. Millette
Les hostas, Réjean D. Millette
Les lilas, Rock Giguère et Frank Moro
Les pivoines, Rock Giguère
Les roses, Gaétan Deschênes et Louis Authier
Techniques de jardinage, Albert Mondor

VIVRE EN SOCIÉTÉ

Documents et essais

Tu n'es pas seule, Collectif

Communications et langue

Écrivez vos mémoires, Sylvie Liechtele et Robin. Deschênes

Collection « Le bon mot »

Guide du savoir-écrire – Pour les étudiants, les secrétaires, les professionnels, les commerçants, les techniciens, les internautes et toute la famille !, Jean-Paul Simard
Le bon mot – Déjouer les pièges du français, Jacques Laurin
Le plaisir des mots, Richard Arcand
Les américanismes – 1200 mots ou expressions made in USA, Jacques Laurin
Les figures de style, Richard Arcand
Ma grammaire, Roland Jacob et Jacques Laurin
Nos anglicismes, Jacques Laurin
Sur le bout de la langue, André Couture

Travail, affaires et entreprise

26 stratégies pour garder ses meilleurs employés, Beverly Kaye et Sharon Jordan-Evans
26 stratégies pour transformer son emploi en travail idéal, Beverly Kaye et Sharon Jordan-Evans
Bonne nouvelle, vous êtes engagé ! – Conseils et adresses utiles pour trouver un emploi, Bill Marchesin
EVEolution – Le pouvoir économique des femmes et les nouvelles stratégies de marketing, Faith Popcorn et Lys Marigold
J'ai mal à mon travail, Monique Soucy
La stratégie du dauphin – Les idées gagnantes du 21e siècle, Dudley Lynch et Paul L. Kordis
La vente – Apprenez les principes dont se servent les champions, Tom Hopkins
Le guide du succès – Apprenez à vivre en gagnant, Tom Hopkins
Le principe 80/20, Richard Koch
Le principe de Peter – ou pourquoi tout va toujours mal, Laurence J. Peter et Raymond Hull
Les 8 meilleurs principes des vendeurs ultraperformants, N. Trainor, D. Cowper et A. Haynes
Les bonnes idées ne coûtent rien, Alan G. Robinson et Dean M. Schroeder
Les nouvelles stratégies de coaching, Pierre J. Gendron et Christiane Faucher
Passage obligé. Passeport pour l'ère nouvelle – De la gestion mécanique à la gestion organique, Charles Sirois
Souriez, c'est lundi ! – Le bonheur au travail c'est possible, Bill Marchesin

Consommation et vie pratique

Le guide de l'épargnant, Option consommateurs
Le locataire avisé, Option consommateurs
Mariage, étiquette et planification, Suzanne Laplante

Droit

Le divorce sans avocat, Pierre Caron
Le petit guide de l'internet, Nicolas Sarrasin et Dany Dumont
Les petites créances – Comment se préparer, Pierre Caron
Les secrets d'une succession sans chicane, Justin Dugal

Généalogie

La généalogie – Retrouvez vos ancêtres, Marthe Faribault-Beauregard et Ève Beauregard-Malak
Votre nom et son histoire, Rolans Jacob

TEMPS LIBRE

Sports et loisirs

Améliorez votre jeu, Collectif
Dans la tête du golfeur, Dr Bob Rotella et Bob Cullen
La pêche en eau douce, Collectif
Le canot, Collectif
Le golf de vos rêves, Dr Bob Rotella et Bob Cullen
Le golf et la vie, Jack Nicklaus
Le guide des terrains de golf du Québec, Pierre Allard
Le kayak de plaisance et d'eau vive, Wayne Dickert et Skip Brown
Les nœuds – Le grand livre pratique, Geoffrey Budworth
Nouvelles règles de golf illustrées, Collectif
Pêcher la truite à la mouche, Collectif

Loisirs

Apprécier l'œuvre d'art, Francine Girard
Belles voitures de toujours, Jacques Gagnon
Ciel de nuit, Terence Dickinson
La taxidermie moderne, Jean Labrie

Sports

Comment je joue au golf, Tiger Woods
Comment vaincre la peur de l'eau et apprendre à nager, Roger Zumbrunnen, Jean Fouace et Brigitte Raboud
Devenir gardien de but au hockey, François Allaire
Guide de mise en forme – Activités physiques, activités sportives, santé, équipement, alimentation, Sous la Direction de Pierre Harvey
Jouer au golf sans viser la perfection, Bob Rotella et Bob Cullen
L'arc et la chasse – Équipement, techniques de tir, technique de chasse, Greg Guardo
La plongée sous-marine – Introduction à la plongée Nitrox, Richard Charron et Michel Lavoie
Le cerf de Virginie – Techniques et tactiques de la chasse, Collectif
Leçons de golf, Claude Leblanc et Jeannot Petit
Pour l'amour du ciel – Le parachutisme sportif au Québec, Bernard R. Parker
Santé et bien-être par l'aquaforme, Nancy Leclerc

Jeux

100 jeux de plein air, Association des scouts du Canada
365 activités à faire après l'école – Pour les enfants de 5 à 10 ans, Cynthia Macgregor
Le bridge, Viviane Beaulieu
Dictionnaire des mots croisés, Paul Lasnier
Dictionnaire raisonné des mots croisés, Jacqueline Charron
Hanjie, Sylvain Landry
Kakuro 1, Sylvain Landry
Kakuro 2, Sylvain Landry
Jeux pour rire et s'amuser, Claudette Mainguy
Jouons au Sudoku de 6 à 9 ans, Sylvain Landry
Le grand livre des patiences, Pierre Crépeau
Le livre du billard, Pierre Morin
L'ouverture aux échecs pour tous, Camille Coudari
Les secrets du blackjack – Jeu de casino, Yvan Courchesne
Sudoku 1, Sylvain Landry
Sudoku 2, Sylvain Landry
Sudoku 3, Sylvain Landry
Sudoku 4, Sylvain Landry
Sudoku extrême, Sylvain Landry
Super Sudoku, Martin Wright et Mouhammed Miah

Plein air

Guide d'orientation avec carte, boussole et GPS, Paul Jacob
Guide pratique de survie en forêt, Jean-Georges Deschenaux

Le guide de survie de l'armée américaine, Armée américaine
Le Saint-Laurent, un fleuve à découvrir, Marie-Claude Ouellet

Bricolage, décoration et couture

Arrangements floraux, Ardith Beveridge
Des idées pour la cuisine, Susan Boyle Hillstrom et Mark Samu
Des idées pour la salle de bain, Susan Boyle Hillstrom et Mark Samu
Guide complet de la couture, Collectif
La couture pour débutants, Collectif
Le tricot facile – L'art du point mousse, Sally Mellville
Les éléments architecturaux en décoration intérieure, Philip Schmidt et Jessie Walker
Pavillons de jardins et autres constructions extérieures
Solariums et jardins d'hiver, David Wilson

Collection « Guide complet du bricoleur »

Guide complet des travaux extérieurs, Black & Decker
Guide complet du bricolage et de la rénovation, Black & Decker
Guide complet pour rénover sa maison, Black & Decker
L'ébénisterie pour débutants, Black & Decker
La maçonnerie, Black & Decker
La menuiserie, Black & Decker
La peinture et la décoration, Black & Decker
La plomberie, Black & Decker
Le rangement, Black & Decker
Les aménagements paysagers, Black & Decker
Les carrelages en céramique et en pierre, Black & Decker
Les cuisines, Black & Decker
Les portes et fenêtres, Black & Decker
Les revêtements de sol, Black & Decker
Les salles de bain, Black & Decker
Les terrasses, Black & Decker
Les toitures et parements, Black & Decker
Les travaux d'électricité, Black & Decker
Les travaux simples d'ébénisterie – 50 objets faciles à fabriquer, Black & Decker

Collection « L'harmonie des couleurs »

Le grand livre de l'harmonie des couleurs, Collectifs
L'harmonie des couleurs à la maison, Martha Gill
L'harmonie des couleurs sur le web, Cailin Boyle

Musique

La guitare à votre portée, Terry Burrows
La guitare électrique à votre portée, Terry Burrows
Le clavier à votre portée, Terry Burrows
Le piano à votre portée, Terry Burrows
Le solfège à votre portée, Terry Burrows

Collection sans professeur

L'accordéon sans professeur,
L'harmonica sans professeur, Alain Lamontagne et Michel Aubin
La basse sans professeur, Laurence Canty
La flûte à bec sans professeur, Alain Bergeron
La guitare électrique sans professeur, Robert Rioux
La guitare sans professeur, Roger Evans
La photographie sans professeur, Jean Lauzon
Le chant sans professeur, Graham Hewitt
Le clavier électronique sans professeur, Roger Evans
Le piano jazz sans professeur, Bob Kail
Le piano sans professeur, Roger Evans
Le saxophone sans professeur, John Robert Brown
Le solfège sans professeur, Roger Evans

Achevé d'imprimer au Canada
sur papier Quebecor Enviro 100% recyclé
sur les presses de Quebecor World Saint-Romuald